余英時文集 16

民主制度之發展

余英時 著

余英時文集編輯序言

聯經出版公司編輯部

余英時先生是當代最重要的中國史學者，也是對於華人世界思想與文化影響深遠的知識人。

余先生一生著作無數，研究範圍縱橫三千年中國思想與文化史，對中國史學研究有極為開創性的貢獻，作品每每別開生面，引發廣泛的迴響與討論。除了學術論著外，他更撰寫大量文章，針對當代政治、社會與文化議題發表意見。

一九七六年九月，聯經出版了余先生的《歷史與思想》，這是余先生在台灣出版的第一本著作，也開啟了余先生與聯經此後深厚的關係。往後四十多年間，從《歷史與思想》到他的最後一本學術專書《論天人之際》，余先生在聯經一共出版了十二部作品。

余先生過世之後，聯經開始著手規劃「余英時文集」出版事宜，將余先生過去在台灣尚未集結出版的文章，編成十六種書目，再加上原本的十二部作品，總計共二十八種，總字數超過四百五十萬字。這個數字展現了余先生旺盛的創作力，從中也可看見余先生一生思想發展的軌跡，以及他開闊的視野、精深的學問，與多面向的關懷。

文集中的書目分為四大類。第一類是余先生的**學術論著**，除了過去在聯經出版的十二部作品外，此次新增兩冊《中國歷史研究的反思》古代史篇與近代史篇，收錄了余先生尚未集結出版之單篇論文，包括不同時期發表之中英文文章，以及應邀為辛亥革命、戊戌變法、五四運動等重要歷史議題撰寫的反思或訪談。《我的治學經驗》則是余先生畢生讀書、治學的經驗談。

其次，則是余先生的**社會關懷**，包括他多年來撰寫的時事評論（《時論集》），以及他擔任自由亞洲電台評論員期間，對於華人世界政治局勢所做的評析（《政論集》）。其中，他針對當代中國的政治及其領導人多有鍼砭，對於香港與台灣的情勢以及民主政治的未來，也提出其觀察與見解。

余先生除了是位知識淵博的學者，同時也是位溫暖而慷慨的友人和長者。文集中也反映余先生**生活交遊**的一面。如《書信選》與《詩存》呈現余先生與師長、友朋的魚雁往返、詩文唱和，從中既展現了他的人格本色，也可看出其思想脈絡。《序文集》是他應各方請託而完成的作品，《雜文集》則蒐羅不少余先生為同輩學人撰寫的追憶文章，也記錄他與文化和出版界的交往。

文集的另一重點，是收錄了余先生二十多歲，居住於**香港期間**的著作，包括六冊專書，以及發表於報章雜誌上的各類文章（《香港時代文集》）。這七冊文集的寫作年代集中於一九五〇年代前半，見證了一位自由主義者的青年時代，也是余先生一生澎湃思想的起點。

本次文集的編輯過程，獲得許多專家學者的協助，其中，中央研究院王汎森院士與中央警察大學李顯裕教授，分別提供手中蒐集的大量相關資料，為文集的成形奠定重要基礎。

最後，本次文集的出版，要特別感謝余夫人陳淑平女士的支持，她並慨然捐出余先生所有在聯經出版著作的版稅，委由聯經成立「余英時人文著作出版獎助基金」，用於獎助出版人文領域之學術論著，代表了余英時、陳淑平夫婦期勉下一代學人的美意，也期待能夠延續余先生對於人文學術研究的偉大貢獻。

編輯說明

一、本書原於一九五五年在香港由亞洲出版社出版，後於一九八四年與《近代文明的新趨勢》合輯為《西方民主制度與近代文明》，在台灣由漢新出版社刊行。

二、原書之按語依原本之形式編排於文中，並以楷體標出。本書新增之編按，另以註釋註出。

三、書中所引之西方專有名詞、人名，盡可能採取作者原本之譯名，不特意改為現今常見之譯名。

目次

自序

今日民主自由人士從事反共鬥爭，在冷戰階段中，思想當然占著主要的部分。共產黨人不管是牽強附會也罷，是闡揚主義也罷，他們把馬、恩與列寧的幾根腐爛的骨頭都挖掘出來，利用盡了；對於民主的攻擊，他們也盡了挖苦與刻毒的能事。而我們呢，這幾年來，也出了不少的書、寫了不少的文章，罵他們如何殘酷、如何獨裁，但始終很少有人肯花工夫對共產主義做有系統的評判，對民主制度做有系統的介紹。近來且有人發出衹反共黨不反對主義的論調，這根本違反了反共的精義。

民主制度的歷史實淵源於二千年以前，假使我們不勉強把柏拉圖（Plato）、湯瑪士・摩爾（Thomas More）與馬克思拉成一家，共產主義卻還祇有一百一十年的歷史。歷經二千餘年之久，民主制度還能在今日得到絕對大多數人的擁護，這絕不是偶然的事。共產制度怎樣呢？柏拉圖式共產主義剛提出來，就被他的學生亞里士多德打得粉碎；馬克思的共產主義，雖然賴沙皇的腐敗政權之助，在蘇聯首先抬頭，復賴第二次大戰之助，發展到了今日的地步；但事實上，它在全球各地已在走下坡路了。民主與共產制度最大的區別乃是前者順乎人性，而後者違反人性。任何違反人性的制度與思想均不會維持長久，而順乎人性的制度與思想則愈長久而基礎愈堅。

民主自誕生以來，也經過不少的磨折，它始終是在迂迴前進，沒有被任何阻力擋住或消滅。蠻族的西侵、教廷的僭越、宗教的審訊、路易十四世的專制、梅特涅的保守，以及最後希特勒與墨索里尼的獨裁都沒有消滅了民主所由來的自由思想。民主所以具有這種百折不撓的堅韌的力量乃是由於潛伏在人們心坎中的思想不是外力所能打擊的。雖然，兩千多年來，自由的思想是無時或滅，而民主制度的實施則經過不少改革，以求適合每一時代的要求。這又說明自由思想既是出自人性與發自人心，民主制度也又是最具彈性的與進化的。共產黨人不自覺其反動而厚誣西方民主制度為十八世紀的落伍制度。讀了這本書的人們一方面可以增強本身對於民主的信念，一方面可以揭穿共產黨人對民主的無端的誣蔑。

坊間討論民主自由的小冊子倒不算少，但是像這樣一種有系統的敘述民主制度發展的書尚付闕如。假使這本書能使讀者對於民主獲得進一步的瞭解，那就不辜負編者這點微小的心力了。

民國四十三年九月於新亞研究所

余英時

第一章

民主的形式與內容

人類歷史上思想的分野與鬥爭從未有像今日這樣的尖銳化。因為有了這種嚴重的對立，所以今日就顯然地有了兩個世界，一個屬於自由，另一個屬於奴役。在自由的領域中，一切思想可以共存，各種黨派可以並立；英、美不乏提倡共產主義的人士，不禁止共黨組織存在，哈佛大學且堅持不肯解聘左傾的教授，這幾件事都是維護自由的鐵證。在奴役的領域中，祇許有一種思想與一個政黨，不接受這唯一政黨的領導便被列為思想搞不通的人物，為反動派，便要遭受清算和鬥爭；鐵幕國家絕不許高談民主自由，絕不能於共黨之外另立政黨，這也都是些不可否認的事實。從這些事實看來，我們用不著再從事哪個是民主與哪個是反民主的爭辯。乃反民主的一方卻反誣真正的民主世界為不民主，且自詡為進步的民主，這簡直是顛倒是非、欺世盜名。其實，民主自有其客觀的標準與悠久的歷史，終不能為反宣傳所遮蓋。在這一章中，作者要先說明民主的意義。

這幾年來，世界的局勢變化得太快和太大了。先是東歐諸國大部分關進了共產黨的鐵幕，繼之，五億人口的中國也入了他們的牢籠。東歐也罷，中國也罷，大部分人民，不，我可以更有把握地說，百分之九十以上的人民都在受共黨政權的磨折與迫害，迫害到引起普遍的恐怖，迫害到造成窒息的狀態；而另一方面共產黨還在大喊民主，並一律叫他們所統治的國家為「人民民主共和國」。今日我們反共的人士所號召的是民主自由，而被我們反對的共黨亦自稱民主。當然，瞭解共產黨與民主自由意義的人們不會承認共產黨與民主有何關係，但一般民眾對此就不能不感到迷惑了。他們中間至少有很多人一定奇怪，何以正的方面是民主，反的方面又是民主。正反相同還有什麼可爭的呢？本來民主這兩個字的使用權我們不能專有，無法祇許我們用，不許他們用。這好像我們把潔身自好、守正不阿的人當作君子，把卑汙齷齪、無惡不做者當作小人，共產黨偏要持相反的論調認為第一類是小人，而第二類才是君子。我們對付這種無賴的顛倒是非、混淆黑白的方法就是盡可能說明民主是什麼，要使一般人都能瞭解究竟何者才是民主？何者才是不民主？

民主的意義是什麼？過去寫書和寫文章的人發表過不少的意見。從理論的探討來講，有許多哲學的、政治的與歷史的學者們對於這一問題已提出了不少寶貴的意見。不過很少有人以斬釘截鐵的說法把民主的意義說得清清楚楚，使人一讀瞭然。我們不能希望讀這類書的人們都是對哲學、政治或歷史有高深研究的，因此，我們於解釋民主的意義時應當避免、不用那些常人不大習見的名詞。尤其是在今天，一般人需要民主，因而希望瞭解民主。編者曾看過不少西方學者或長篇論著或短篇論民主的論文，多半喜用學究式的語調，令不大瞭解本問題的人們越看越糊塗。我們要針對著需要獲得關於民主常識的人們替民主下些註解。但在這裡我也要承認我絕不敢自信能對民主提出一個詳備的解釋，我祇是將個人所瞭解的用最淺近的文字把它寫出來而已。

民主（democracy）這個字盡人皆知係出自希臘的雅典，希臘文為 demokraiu，係取 demos 與 krateein 兩字合併而成。Demos 的意思是人民，krateein 的意思是治理。用白話來說，民主就是老百姓做主。這就是說，國家是屬於全體人民的，國家的最高權力，亦稱主權，係操在全體老百姓的手中。如何管理國家的事，這要聽老百姓的吩咐。政府祇是老百姓管理國事的辦事處，由老百姓派他們自己的人常駐在辦事處中，執行主人翁交下來的任務。主人怎樣說，辦事處的人員就應當怎樣做，辦事處的人如果有什麼計劃要提出來，他們必須將該項計劃交付全體人民或交付人民的代表考慮，經他們批准以後，才能實行。如果批駁了，該項計劃就必須取消，辦事處的人絕對不能剝奪主人翁的權力，做出違反人民意旨的事。如果他們要存這種企圖，老百姓就應當有權撤換他們。這是民主的基本意義。

民主，大體上說，有兩種形式。一種是直接的民主，另一種是間接的民主。直接的民主是老百姓自己直接管理國事。最早的國家實行直接民主的是希臘的雅典。雅典是一個很小的城市國家，她的人口有一半以上是奴隸，具有公民資格的不過五萬人。既然直接的民主是由人民直接管理國事，所以雅典就成立一個國民大會，具有締結條約、宣戰媾和、罷免官吏，以及處分官吏之權。理論上這五萬個有公民資格的人民都有權參與會議，但經常到會的不過數千人。究竟一個數千人的大會處理國事還是不大方便，所以雅典又設立了一個五百人的會議（Council of 500），用抽籤方法選出。事實上這個五百人會議還是太大，所以國民大會與五百人的會議下面又設立了若干委員會與一個十人將軍團處理國務。這可以看出直接的民主祇能行之於人口很小的國家，即使在很小的國家中，真正執行施政細則的還是要另推少數人負責。這裡所謂之直接乃是一切政策與辦法的決定係直接來自國民大會，不是由人民的代表的機構決定。直接的民主直到現在還是部分的存在，創制權、罷免權、複決權在瑞士與美國若干州中仍在運用著，這幾種都是直接的民權。

至於間接民主乃現在最流行的民主，那便是由老百姓選出代表負責處理國政，這又叫作代議的民主。這種間接的民主現在有三種類型，第一是內閣制，以英國為代表；第二是總統制，以美國為代表；第三是委員制，以瑞士為代表。內閣制是以國會為最高權力的機構，內閣等於國會中的一個行政委員會，直接對國會負責，間接對人民負責。這一制度的特點是內閣遇到國會投不信任票時，如認為國會不能代表民意，除了辭職以外，還可以解散國會，直接請老百姓做主。老百姓認為國會是對的，就選出一個更反對內閣的新國會；如認為內閣是對的，就選出一個支持內閣的新國會。總統制與內閣制的大區別，係行政權與立法權絕對的分開，總統與國會均由老百姓直接選舉，總統管行政，國會管立法，總統不對國會負責，也無解散國會之權，因為總統與國會都對人民負責，所以他們中間祇有平等牽制（check and balance）的作用，沒有高下之分。第三種瑞士型乃是一種修正的內閣制。瑞士的聯邦行政委員會（Federal Council）也可稱之為內閣。不過在這委員會中沒有黨的陣線。行政委員對於立法的政策可以抱著不同的見解，他們的任期是固定的，這一點又與美國的行政首長相同；另一方面，他們確是受制於立法機構。國會中如投反對他們的票，他們雖不必辭職，但須修正政策以求符合國會的意旨。上面所舉這三種間接的民主祇是就其大者而言，當然在細則上各國的民主制度尚有很多小異的地方，此處不能一一提出。

老百姓選舉代表根據什麼呢？選舉在表面上是推選代表，實際上是老百姓拿出主張的機會。在某選區中誰能代表百姓的主張，他們就選舉誰，獲得大多數票的當選，總統如此，立法議員亦如此。人民對國家的大政見解絕不能一致，所以民主祇能以少數服從多數。但是大方針如何提出呢？這裡就發生政黨的作用。政黨係由人民組織的，人以類聚，思想相同的人們很自然地結成了一個團體。最初各政黨成立的時候一定要提出很顯明的主張，到後來競選時，各政黨對每一問題還要提出它的解決的見解。人民選舉，雖然與代表的個人的聲望有關，但一般講還是看候選人所代表的黨的政策如何。

但政黨制度各國亦不一致，有兩黨制，有多黨制。英、美便是兩黨制的國家，法國乃是多黨制最好的代表。這裡所謂的兩黨制，並不是說，除兩黨以外便無其他的黨，而是說，祇有兩個黨發生作用。例如說，英國在二十世紀初年還有保守、自由、勞工三黨，但不久自由黨在選民前因沒有什麼顯明的立場，就失去了它的作用。英國現在除了保守與勞工兩黨外，還有若干小黨，但對政治上都沒有多大的影響。美國也不祇共和與民主兩黨，但其他的黨也是不發生作用。至於法國則不然，她不僅有六、七個黨，而且每一黨在國會中都有若干席位，很少有一個黨能單獨組織政府。因此，在英、美掌握政權的總是一個黨，另一黨則居於反對的地位，而法國則非有幾個黨聯合組織政府不可。不過這裡我要特別指出的，一個民主國家至少須有兩個以上的黨，各以大政方針爭取人民的擁護，當權的政黨的職責在遵循民意執行大政，在野的政黨便是處於監督的地位。一旦當權政黨犯了違背民意的錯誤，它就有即刻被推翻的危險。人民如不滿意某一個或某幾個聯合的當權的政黨，便可另推新政黨出而執政，因此，一個沒有兩個以上政黨的國家，便不能執行民主的任務。反過來，讓我們檢討一下祇有一黨的國家。過去的德、義與現在的蘇聯都是祇有一個政黨。墨索里尼與希特勒均不否認獨裁，祇有蘇聯在高唱民主。試問一個黨，尤其是一個金字塔式的黨，包辦國政，怎麼會有民主的意味？所謂之選舉，每區祇有一個候選人，選民根本無選擇的機會，況且全國人民都在警察和特務監視之下，任誰也不敢對政府公開的反對，敵黨更是不容存在的。說得好一點，獨裁的政黨要怎樣便怎樣，說得更準確一點，坐在黨的塔的尖端上那位領導的人物要怎樣便怎樣。反對黨既不存在，人民祇有服從，與集中營或死亡二者任擇其一。因此，我們就可以確定地說：祇有一個黨的國家的政府，一定是獨裁的政府。

以上所解釋的祇是民主政體而言，當然民主的意義不是如此的簡單。根據人民是國家的主人翁，人民對國政有提出意見交由他們的代理人（指政府）執行的權利，我們就可以看出民主還有很重要的含義。

國家或社會是個體組成的總名稱，國家或社會的價值不是在集體而是在個人，有個人的意志才有集體的意志，集體是集個體而成的，個體乃是集體的基礎。沒有個人便沒有國家，沒有社會。在這一點，民主的理論與法西斯及共產國家正立於相反的地方。獨裁者欲達其獨裁的目的，故極力提高國家或階級的地位而壓制個人的地位，他們認為個人須從服從國家或階級的意志。獨裁者係抱著「朕即國家」的理想，故極力壓制個人；而民主思想則著重個人的價值，著重個人的人格與尊嚴，權力不能加以損害，法律不能加以剝奪。民主國家的憲法中對於個人的價值均有明文保障，一九四八年國聯大會通過的《世界人權宣言》也是著重在保障個人的權利。共產黨人稱真正民主自由人士為個人自由主義者，在他們是含有輕侮與攻擊的意思，在我們看來正是說明了他們自己的不民主與不自由。自由一如人的靈魂，靈魂不附在軀體之上便沒有寄託，自由離開了個人便失所憑依。提倡集體的或國家的自由而消滅個人的自由，便是根本沒有自由，便祇有一個獨裁者有自由，說得更好聽一點，也祇是一個黨的幹部有自由。個人的自由係社會進步為原動力。民主社會經過二千餘年的實驗，已產生了良好的法典，足以束縛個人的自由，使不致超越其應有的界限。這些法典不是一個黨制定的，而是群意的累積，換言之，就是老百姓本身先後自動制定的相互束縛的契約。社會也如個人一樣，沒有一個人是完全的，也沒有一個社會是完全的，民主社會當然不會例外。然而正是因為有了個人的自由，集合個人的貢獻，民主社會才能有不斷的進步。文化的進展與社會的革新，正是由於個人有自由發展的機會，個人能充分表現自己的特長，個人能貢獻自己的才力。

假使把這些活潑生動的人變成了機器，祇聽人擺布，而完成失去自我發揮的機能，則活的社會將變成死的社會。前進的社會將變成靜止的社會。為達成少數黨人的野心而犧牲億萬人的自由的意志，對整個社會言，從長期的影響看，利乎？害乎？卻是不辯自明。

民主的第二個含義是容忍。本來人與人的不同亦如其面。我們固不願屈己從人，亦不當強人從己。在政策方面，以及在任何問題方面，各人儘管有個人的見解，大家不妨為某一問題爭得面紅耳赤，我們固然要盡力發揮本身的意見，但同時也須讓對方發表他們的意見。對方的話，我們也許一句都不能同意，但我們應承認並尊重他們有發表任何意見的權利。所謂言論的自由，不僅是在法律上要予以保障，在民主社會中應養成一種風氣，使每一個人都肯聽不同於自己的言論，使每一個人都敢於發揮他本身的見解。在一個社會中，假使每一個人，無論其身分如何，見解如何，準知道他絕不會因為發表獨特的見解而招禍，這才敢暢所欲言。甲能對乙容忍，乙才能對甲容忍，對於公共問題的意見的差別不應妨害到私人的感情。英國的保守與勞工兩黨，美國的共和與民主兩黨，儘管在競選時彼此攻擊不遺餘力，但兩方都能容忍這種攻擊。兩黨中無論那一黨上臺，另一黨仍然以在野黨的身分一方面與當權政黨合作，一方面執行監督的任務。美國的傳統習慣，一黨於選舉中獲勝，另一黨即刻放棄批評與攻擊的口吻而改為合作的聲明。這種素養不是短時期可以獲致的，但是民主社會中絕對需要這種容忍精神。

民主社會中之少數服從多數已經成為一種慣例。這雖不是理想的辦法，乃是一種不得已的辦法。我們不能希望一個國家或一個社會的人對於某一問題祇有一種見解而沒有相反的見解，若堅持某一問題必須全體同意才能解決，則問題就永無解決之時。但是在民主社會中，賴有容忍的精神，失敗的少數是不會吃虧的，因為民主的精神是在替全民謀福利，而不是保障某一階級的特權。勝利的多數，祇是在見解上獲得勝利，在權力上獲得勝利，不是因為勝利而就能享受特殊的利益，就可以迫害或欺壓失敗的少數。這是民主社會的一個特點。少數服從多數，其意義祇是在某一個期間在政策上和在權力上少數對多數讓步，在基本的權利上少數與多數仍然是毫無分別。就福利言之，多數人的福利大體上亦可以代表少數的福利，如果國家或社會採取一視同仁的政策，絕不會多數人受其福而少數人受其害。如此則多數不僅不迫害少數而且能照顧少數，這顯然是發揮高度的容忍精神的結果。

民主的第三種含義乃是討論。這種討論不是某一黨拿出一種教義強迫他人要學習的討論（indocrination），而是大家以平等的精神在不虞恐怖的環境中冷靜的討論。一個問題或一種理論都免不了有幾種看法，在未徹底討論前，誰也不能假定那一種見解是對的，更不像共產黨的討論，在未討論前已先有結論，討論時祇是要找出理由說明以下的結論是正確的。在民主社會中的討論，在理論上不許任何一方面挾某種優勢而強令他人相從，而是要用正確的理論說服對方。因為每一參加討論的人都不受任何威脅，運用其言論自由的權利，盡量陳述個人的理由，誰能說服了參與討論的人，誰就算勝利。這裡所稱的說服，當然也是少數服從多數，在多數人於聆聽各方陳述理由之後，決定那一種理論為最合理，便是大多數為這種理論所說服。這種民主社會的討論與共產黨治下的討論截然兩事。共產黨人稱之為討論而實不是討論，因為任何不同於共產黨的思想都被他們斥為思想搞不通，這就是說世界所有的思想中祇有共產黨的思想是對的。共黨政權下面的討論祇是學習的代名詞。民主社會的討論可以拿最近的美國共和黨艾森豪威爾與民主黨的斯蒂文生的競選為例，他們在民眾面前對於各種問題盡量發揮各人的見解，互相批評，甚至互相謾罵，然後再讓民眾決定。艾森豪威爾的勝利也可以說在討論中說服了民眾。一切問題的解決必須經過討論後，才能看出它的癥結，才能提出妥善的方案，討論也就是追求真理，容忍還是消極的，討論卻是民主的積極作風。

民主的第四種含義為平等與博愛。人生而平等，這是民主社會中一致承認的真理。所謂生而平等，用西方的術語來講，就是在上帝面前的平等。近代一般有民主意識的人們並且進一步承認人在法律面前也是平等的。不過這種平等祇是精神上的平等與理論上的平等，然而人類間究有智愚賢不肖的區別，有的成了偉大的思想家、政治家、資本家與社會領袖等，或中產階級人士，有的則流為苦工、貧農、流氓與乞丐，實質上不能平等。這是人為的不平等。在民主的社會中對於不平等亦有其補救的方劑，那便是博愛。舉例言之，同胞兄弟數人原係處於平等的地位，但後來有的貴、有的賤，有的富、有的貧，看起來好像是不平等，但事實上，兄弟還是兄弟，原來的平等是依然存在。問題是富貴的兄弟不要忘記了那幾個貧賤的兄弟和他們是同一父母生的，他們應當本兄友弟恭的精神扶助他們，使每一個兄弟都各得其所。他們失業時應幫助他們就業，他們疾病時應幫助他們就醫，他們飢寒時應幫助他們有食有衣，幫助的動機應是平等的手足之愛，不是高對低或人對獸的憐憫。這種意義可以推廣到全人類，因為人類就宗教上說都是上帝的兒女，雖然各個人的境遇不同，但同胞究是同胞，有「守望相助，疾病相扶持」的義務。這種「相助」

與「相扶持」便是博愛。有平等而無博愛，則平等失其意義，有博愛而無平等，則博愛成為憐憫。這兩個口號——平等、博愛——雖然在法國大革命中才變成民主社會中的呼聲，其實西方的耶教與東方的儒教中早已有這種思想。因為民主社會具有這種平等和博愛精神，所以我們看不慣並且痛恨迫害、清算、鬥爭這一類的行為。

最後，民主是實驗的（experimental）。民主的理論係出自人性，不是出自思想家的虛構。人是有思想的動物，對於本身的福利希望有表現意志與照顧之權，這是最自然的一種傾向。但是一個人口眾多的國家中如何能使人民達成這種目標，這是屬於方法的問題。民主社會的長處，是在它用實驗的方法，適應環境，不斷的改良，不斷的進步。民主社會中祇要有某種不滿意的現象發生，就要引起人們的攻擊，隨著就有革新的方案提出。就政治制度言，這百餘年來，英國改革的結果與十九世紀初年相較，已是面目全非。就資本制度言，英國今日狀況已遠非馬克思著《資本論》時所能想像。就社會言，英國在社會立法方面與社會改革方面已不知有多少進步。美國與瑞士諸國亦復如此。民主社會的好處，是在能隨時接受群意，不蠻幹到底。一種方法提出以後，祇要實驗若干時期，認為不滿意，就可以再改變方法。不斷的試驗，不斷的改進，這是唯一的科學方法。獨裁的共黨適與此相反。它的理論是馬克思倡導的，經過列寧和史大林竄改的，它的方法是少數共產黨人簽定的，老百姓願意與否，根本不能動搖共黨政策與方法。歷史上的獨裁已經一個一個的倒下去了，而共黨不知覺悟，仍然清除異己。集中營這類的方法祇能暫時遏止表面上的反抗，不能壓止人民心坎中的怒潮。德、蘇戰爭中已經看出了蘇聯的殘忍並未達到預期的目的，希特勒的手腕如果高明一點，蘇聯也許在第二次大戰中完結。極權國家一意孤行，橫幹到底的作風與民主的遵循民意、不斷實驗、不斷改進的方法相較，高下之差，真不可以道里計。

上面所舉的民主的幾種含義，用之於政治則是政治的民主，用之於經濟則是經濟的民主，用之於社會則是社會的民主，用之於日常生活則是民主的生活。蘇聯於反對《世界人權宣言》時，藉口西方民主國家祇著重公民的權利而忽視經濟與社會的權利，我們並不否認西方民主國家在經濟與社會民主方面還未盡到最大的努力，但我們絕對否認西方的民主思想中沒有照顧到經濟與社會的民主。即在實踐方面講，英、美現在正朝著經濟與社會的民主之途邁進，尤以英國為最。蘇聯應睜眼看看本國的情形，實在沒有資格批評西方國家在經濟與社會方面的不民主。舉一個例說，英、美薪給人員的待遇，最高的與最低的相較至多亦不過十餘倍到二十倍，而蘇聯方面，根據最近《大西洋月刊》所載，一個校官的待遇超過士兵四十五倍，一個元帥超過一百一十五倍，這算是經濟與社會民主嗎？民主有著崇高的理想，衹要在實踐方面多做工夫，逐漸在經濟與社會方面，亦如在政治方面，可以達到完全民主的境地。

第二章

希臘首創的民主制度

西歐的政治與社會制度，在剛有文字記載的遠古時代，即已表現出原始的民主意味。在原始的社會中，風俗與習慣乃是主要的束縛團體的力量，這是無組織的民主。迨其後城市出現，有組織的民主才隨著產生。因為城市不同於原始的部落社會，它的安全與秩序必須賴有延續性的政府的權力來維持。

希臘的城市（polis）很像一種擴大的家庭，誰才算是這個團體中正式的分子，決定的標準是看出身而不是看居留。最初侵入希臘的人似乎是由少數人結合起來分居在渺小的村落中，他們的團結就靠著部落的感情。小的村落逐漸結成較大的單位，在這種較大的單位中，血統或親屬的關係仍然是團結的主要因素。

古代希臘主要的特徵為城市國家，這是希臘人在古代發展的最高的政治單位。這種情況與其說是希臘理想主義的結晶，毋寧說是地理環境的產物。古希臘城市的人民直接參政的城市，大部分都是受地理環境的影響。希臘山岳縱橫，把全境分成若干孤立的盆地，它們彼此間，在貨物流通與知識交換方面，都受到很大的限制，這種情況極易養成各自為政的較小的單位。雅典地處海濱，天氣溫暖，這使雅典人一方面能欣賞戶外生活，增加彼此接觸的機會，另一方面又與外國交往，造成自強不息的精神，這都是促進民主的優良條件。

從遠古的希臘，我們可出看出民主不僅是要求政治上的自由，就自由人而言，它也要求經濟上的平等。古希臘乃是一個貧窮的農業國家。民主分子與寡頭政治分子之爭，追本溯源，也就是生活的鬥爭。民主分子主張財富的平均分配。依照希臘的憲法，人民替國家服務，應受酬報，這就是說，國家不能剝削人民，這是希臘人民為維護自己的權利所提出的主張。

不過在內地國家與濱海城市，民主的著重點與程度有相當的距離。在若干內地國家中，政府是操在中產階級的手裡，當時衹有這個階級的人士有購置重裝備充任步兵的財力。財產與智慧在這裡顯出相當的重要性。掌握政權的人民，在這類國家中，雖然仍居少數，但是因為他們的人數很多，在希臘人眼光中仍是不違背民主的原則。這種以中產階級為中心的民主乃是偏重農業國家的產物，因為農村的人口，由於交通的不便與經濟的困難，不便直接參與政治性的會議或工作，樂得由具有經濟力的少數擔負政治上的責任。但在沿海的工商業的城市，情形就不同了。這裡有不少城市的工人的集中，參與會議甚為方便，用不著遠道跋涉，耗費金錢與時間，所以基礎較大的直接的民主這條路容易走得通。

因此，在希臘雖然也有實行代議制的民主地方，在城市國家中卻衹有直接的民主。雅典的民主與近代的民主最顯著的區別，乃是在雅典城中，沒有一般人民與少數統治者之分。雅典政府的結構立意在乎使所有的公民都能參與國政。我們可以看出行政指導會議與法庭的人員以及大部分公務員都是靠抽籤決定，同時又規定任期甚短，且不得連選連任，這幾乎使每一個公民都有擔任行政指導與司法職務的機會。近代國家中的選民與具有財力及經驗的任職終身的公務員是有顯著的區別，在雅典則一切權力都直接操縱在選民的手中。雖然在選舉時，選民也注意到個人的政治能力與其他精神的條件，但當時的趨勢總是對於行政人員的權力要加以牽制。在十足民主的雅典，官吏與行政指導會議都是受制於國民大會。

從使人民團體能參加政府實際的行政這一點看來，雅典的民主實超過近代任何民主政體。但另一方面，從每一個成年的國民都能負起政治責任這種理想看來，雅典卻又遠不及現代的民主政體。雅典的政治權利祇限於父母俱為雅典公民的子弟，這種人在雅典是居於少數的特權階級的地位，祇有他們才有錢有閒積極地參政。婦女、外國居民、奴隸，以及所有不能證明父母均為雅典公民的人都不能享有公民的權利。

奴隸的存在與公民資格的嚴格的限制，才能使雅典實行直接民主，這一點是很容易看得出的。沒有奴隸階級便不能維持當時雅典公民的閒暇與自由。如果公民團體的人數太大了，雅典型的民主便走不通，因為人數太多了，人民便不易根據個人的瞭解推選領袖，同時由國家負擔那些參與大會或行政指導會議較貧人員的生活也殊難做到。不過這種做法畢竟是違反民主精神的，因為民主的原則是根本不許可一部分人專政，一部分人遭受壓迫。

紀元前第五與第四世紀的雅典民主乃是從較早的君主與貴族政體發展出來的。集中的城市生活結果使君主政體逐漸變成了貴族政治。貴族政治係以一個階級的利益為出發點，對於其他階級便逐漸成為壓迫性的政權，於是社會中不屬於貴族而具有財力的人士就會起而反抗。這種反抗容易得到工人與農人的支持，逐漸地擴大了參政的基礎，大部分公民不僅能加入國民大會，而且與貴族地主階級具有同樣被選出任官吏的資格。紀元前第六世紀的初期，雅典有名的立法者梭倫（Solon）已奠下了民主的基礎；梭倫組織了一個新的會議為國民大會做準備工作，他並且發起一個重大的改革，設立陪審民眾法庭，可以審訊所有的行政人員。

雅典的民主未實現前，已有過一個時期的專制。為對付行政當局而設立的五百人會議，乃是克勒森斯（Cleisthenes）的創作，因此，後來人們把他當作紀元前第五世紀民主憲法的鼻祖。當然，從這一個階段達到帕羅波尼西亞（Peloponnesian）戰爭時代的全盛的民主，中間尚須經過若干變遷。

所謂純粹的民主（pure democracy）主要是出自軍事與海軍的關係。雅典海軍的卓越地位靠的是海軍兵員，因此雅典與皮拉亞斯（Piraeus）的富有海上冒險精神的人民就成了支配該城政治的主要力量。不過這種軍事的因素並未引導雅典的民主走上憲法的安定的途徑，海軍的兵員雖賴低級人民的補充，而財政的擔負卻落在資產階級的肩上。國家每遭逢危險關頭，富有的少數以財力為要挾，益顯出他們的專橫。國民大會與行政指導會議的權力，在這種情況下都受到限制。在紀元前四一二年，這些富有的少數並且制定了限制民主的條例。但是擁護民主的公民卻享有一種無與倫比的鬥爭的便利，那便是他們住所靠近國民大會的會場聚合起來非常方便。由於他們不斷的抗議，紀元前四一二年的條例很快的就被取消了。

雅典在民主政權下政府的組織究竟怎樣呢？依照雅典的憲法，國家最高的權力係操在國民大會的手中。就理論上講，這個大會應包括全體成年的公民，除特殊會議外，每年應開會四十次。開會時法定的人數，規定關於某幾種特殊問題，須有六千議員，但平常開會時到會者很少超過五千，而且多半是城區中的激進的分子。大會實際上雖然不是一個立法機關，它卻有討論與決議的權力，它的決議案係以命令方式表現出來，其中包括的事項係不屬於特定的法律的範圍。在富有少數的有限制的民主憲法中，大會祇能對於執政人員的建議表示同意或反對。在雅典方面，大會所能討論的祇限於行政指導會議已經考慮過的問題。依照憲法，大會無權制定或取消法律，其命令若與法律相牴觸，就即刻成為無效。可是事實上憲法的尊嚴已受侵犯。原來在雅典早期的歷史中，法律是被視為神聖的與永久的。直到紀元前五三〇年，還可以承認雅典最高的權力就是憲法本身。但是國民大會的直接的權力越來越顯得有力，慢慢地最重要的問題祇須大會過半的票數就算可以決定了。

當時的雅典沒有有組織的政黨，也沒有依據憲法組織的負責執行重大計劃的內閣，這種情形逼使雅典人不得不另行設計以防止採用考慮未周的建議。在現代國家中，這類預防的措置都詳載在憲法中，有的請求法庭糾正，有的請求選民糾正。有許多國家對於修正憲法的規定特別嚴格，以保障憲法的穩定性。在當時的雅典這類的預防方法卻不易想出。國民大會的議員就是公民本身，請求選民糾正這一點是辦不到的。法庭也掌握在公民的手中，它也不能糾正大會的錯誤。加之，國民大會又最恨權力受到直接的干預。為防制個人輕率的提案，最後雅典想出一個辦法，叫做「控訴非法」條例（indictment for illegality）。根據這個條例，每一公民如在大會中提出違反法律的議案，得受法庭的制裁。如此，不必對於大會加以限制而個人提案的自由已受到束縛，憲法的穩定性也多得一種保障。

大會的權力係絕對的與直接的。在行政方面，它確是國家最高的權威。雖然，行政的細則是常交由執政人員或行政指導會議負責，大會始終是保持著監督權。甚至在外交政策方面，大會亦注意到施政的細則。將領們對於作戰方面如有錯誤，大會也毫不猶豫的加以譴責與懲罰。凡此一切工作，大會在處理方面並未得到任何有經驗的與負責的人員指導。雅典也是一個一度成為有勢力的商業之邦，國務的繁瑣可想而知。指導這樣一個複雜的國家也祇靠著人民的一般的常識。雅典人認為直接參政為民主政治的重要的條件，他們在紀元前第四紀甚至準備提出建議，於人民參加大會給予酬報，俾窮苦的人民更能踴躍參加。

固然，大會因煽動分子的急躁與倉卒的決議，曾造成過嚴重的錯誤，但一般的說，它曾表現出相當程度的觀察力，尤其是在處置帕羅波尼西亞戰爭方面表現出應付有方。在對西西里島（Sicily）的用兵亦表現出同樣的勇敢與決心。不過，稍後國家的經常事務大部分都委諸五百人的行政指導會議。這個會議的議員係從過去服務一次以上有經驗的國民中用抽籤方法挑選出來。五百人會議的主要任務乃是一方面替大會做準備工作，一方面監督執政人員的日常工作，它是大會與行政人員間的聯繫機構。凡預備提到大會的議案先由行政指導會議提出報告，並負責起草，國家的開支也由它負責估計，它與行政的每一部門幾乎都有密切的關係。

行政指導會議人數太多，終究不便處理國政，甚至內中的委員會也太過於龐大，不便負起內閣所應負的責任。加之，它內中的分子，因為是抽籤決定的，多屬常人而不是領袖。它對於政策不是集體的負責，又不能有效地指導大會的討論。在紀元前第六世紀，它還是一個有力的指導機構，大會祇能討論由它提出的議案；但到了第五世紀中葉，它祇成了一個備諮詢的委員會。這個會議訓練了不少從政的人才。雅典國民大會參政的成功大部分由於這個行政指導會議所給予曾在該會議中服務過的公民的政治教育。

還有一種制度有助於雅典的公民知識的發展，就是民眾的陪審委員會。這些法庭係民主憲法中重要的一部分，因為它們能使行政人員受民意的支配。雅典的每一個公民都有舉行司法宣誓的權利，為補償每一公民為陪審所犧牲的時間，當時亦規定給他以少許報酬。這種報酬通常祇能鼓勵最需要經濟援助的人加入司法界服務。通常審理一個案件，參與審訊的人數為五百人，自政治罪犯到私人的訴訟都在被審之列，陪審員的判決常難免超出法律範圍之外。這些委員會是繼續的開審，一經判決，便無處上訴。

雅典的司法機構通常是被認為憲法的最不健全的一環，委員會是否會被利用為純粹私人服務，那是不能確定的。私人可以控告執政人員。判例沒有效力，煽動家毫不猶豫地訴諸衝動與情感。甚至首席執政也沒有法律知識，對於事實的歸納與陪審的指導都是外行。最壞的部分係法庭有鼓勵職業情報人員的趨向，結果，天真的從政人員與將領常受到處分。富人的有系統的嚇詐也盛行一時。另一方面，因為參與審訊的人數過多，公開賄賂或恐嚇都不容易，因此雅典的司法委員會大部分沒有貪汙和腐化的流弊。

以上討論雅典政府時，尚未提及個人的因素。嚴格的說，就執行國政來講，私人的特性很少有發揮的餘地。不過事實上，在民主政權中，表現個人優越的，仍代有其人，不僅伯里克利斯（Pericles）一個人。雖然，當時的趨勢是要將執政人員置於大會控制之下，可是還有一個將軍團（Strategos）機構具有很大的勢力。這些將軍組織一個十人執政團，這些人不是用抽籤法拈出的，而是由部落選出來的。這種選舉多少類似近代國會的選舉，不免要經過政治的鬥爭，可能在推舉候選人時要受類似的政黨力量的支配。

自然，紀元前第五世紀的希臘談不上有政黨與代議制，也沒有所謂內閣集體責任制。事實上每一個將軍對於其餘的同仁都有牽制的作用，同時他們又須共同的執行任務，而且還有跡象證明將軍團也有一個主席，他具有指導其他同仁活動的權力。每一個將軍的獲選是根據他的軍事才能，不管政治方面他們的意見是否一致。縱使國民大會對於該團發動彈劾或是不信任，該團也用不著總辭。祇有該團有權召開國民大會特別會議，在特別會議中祇能夠討論該團提出的建議。舉凡外交、財政與國防統由它負責。它事實上卻是雅典的行政機構，對於純粹的民主是唯一重大的限制。

將軍團的組織是替個人在雅典政治中開闢了一條表現能力的途徑。將軍們廣大的權力對於希臘人所瞭解的絕對的政治平等的理論是一個很大的威脅。在帕羅波尼西亞戰爭期中，很顯然地，將軍們攫取了若干特權。他們與其他執政人員不同，似乎沒有什麼力量可以阻止他們連續的當選。因為該團的地位的重要，有不少當時的名人都願競選獲得一個席位。但是該團終究不能發展成為一個內閣。它與國民大會處於對立的地位，其力量之大在該團主席握有軍政兩重力量。不過到了紀元前第四世紀，職業軍人逐漸當選為該團團員，因而在政治生活方面，他們的地位日漸低落，致使唯一共有若干獨立權力的機構亦受到大會嚴密的控制。

其他執政人員多由抽籤決定，此一方法應當與輪流擔任制合併討論，二者都是保護民主的方法。抽籤可以防止賄賂、威嚇與解決選舉的糾紛，是國民平等參政的良好方法之一。用此種方法可以使一般人，而不僅是少數有才力的人，有參政的機會。但是對於具有廣大伸縮性的權力機構，雅典人亦認為使用抽籤法不甚妥當，這便是他們逐漸減少執行機關權力至於僅能處置日常瑣事的原因。加之，在抽籤以前，他們也先做一番研究與選擇的工夫，因此，抽籤的流弊就不似想像之大。但是，雅典在民主政體下，卻沒有一個執政的推選是根據他的成績。抽籤的方法，即在雅典的民主被推翻以後，仍繼續維持下去，不過祇用之於處理瑣碎事務的機關。

雅典民主的另一個特點係由全體民眾投票放逐主要的從政人員。這種開革可以比擬現在的罷免。放逐或罷免，二者之一如運用成功，則受攻擊的官員必須退休，前者的目的在防止野心的個人違法的上攀，後者的用意在取得民眾的意旨與行政及司法官吏的行動之間的和諧。被開革的官吏有時在十年之內不能復起，此種制度容易剝奪有才力的人為國家服務的機會，這不僅阻礙了政黨制的發展，而且造成了違法與暴動方法的使用。

不過，這裡我們要承認的，雅典的民主所標榜的自由與平等並未適用到雅典的聯盟的國家。從德羅斯聯邦（Confederacy of Delos）可以看得出來，雅典並未考慮將雅典的政治制度推展到其他聯邦，或允許其他聯邦的人民取得雅典的國籍。德羅斯聯邦表面上雖亦有一個大會決定聯邦的大政方針，實際上，因為雅典的實力遠超出其他聯邦分子，聯邦的大權與政策的決定仍操在雅典國民大會的手中，逐漸地其餘聯邦的分子都成了雅典的屬國。

就紀元前第五世紀的情形說，雅典的政治家確是利用一切機會推翻其他國家寡頭政治的憲法，利用雅典的官吏或雅典的槍尖支持他國的民主。而且屢見不鮮的雅典要求屬國的執政人員與議員宣誓不經雅典同意不得企圖修改憲法。誠然，雅典在愛琴區域（Aegean Area）提倡民主，可是那種民主算不得自動的，也不完全是符合民意的。因之，在若干城市中，民主祇是表面文章，實則為雅典的利益受雅典的支配。雅典帝國民主的經驗不夠，這類欽賜民主的方法實違背真正民主的意義。

雅典帝國對於屬國，雖要求他們效忠，奉行雅典所欽賜的制度，並向雅典進貢，但屬國也從雅典得到很多好處，如不受波斯的威脅、不受海盜的騷擾、商業利益得到保護，與通貨獲致統一等。我們也不能因不滿意雅典對屬國的高壓手段而過於責備雅典本身民主的制度。這裡，雅典的錯誤是讓民主政治做了民族主義的工具，雅典帝國的崩潰乃是由於兩次海戰的失敗，並非由於內部的叛變。及至紀元前第四世紀，雅典又以領袖地位團結濱海國家。這一次的聯邦與上次不同了。雅典因鑒於過去的失敗，痛改前非，各國參加聯邦的，既不受雅典的干涉，又至少在理論上享受平等的待遇，這是真正的民主精神浸入聯邦的領域。不過雅典因居於領導的地位，責任所繫，重大政策如宣戰、媾和或其他大事，聯邦仍須尊重雅典的意旨。

希臘因地理的關係造成許多獨立的小城市國家，每個城市國家都不肯放棄它的主權，這是希臘不能成立一個較廣大的政治單位的主要原因。即就殖民運動講，除了柯靈斯（Corinth）還能對於殖民地維持一種控制力以外，其他國家祇能在宗教和藝術方面擴展勢力範圍，在政治領域中竟不能發揮統一的力量。較大的團結不能成功，故民主也祇能限於城圈內直接的民主，因此古希臘國家未能實行，也不瞭解代議制的民主。

到了紀元前第四與第三世紀，事實的演變逼使狹隘的城市國家理想不得不逐漸讓步。紀元前第四世紀初年，波夏（Boeotian）與亞爾克底亞聯盟（Arcadiat Leagues）乃是走向聯邦的真正的步驟。在這個聯盟中，雖每一個人保持其原有的國籍，但對外交涉權卻交予一個新的聯合政府。但終至紀元前第四世紀，各個國家的自主的情緒仍然是非常強烈，致使每一聯合的組織都不免於夭折。直到紀元前第三世紀，穩定的聯邦政府才開始建立。在本世紀中成立的亞陳（Achoean）與艾托利亞（Aetolian）聯盟才近似一種代議制的政府。在這個聯盟中卻有一個由各國政府的代表組織的聯盟會議，不過這個會議還保存著若干國民大會的直接民主的特徵。因此，每一聯盟國家的任何一個人民都有到會及投票的權利。但是，在兩個聯盟中，都採用團體投票制以保障聯盟的體制。每一城市都祇有投一票的權利，到會的大多數單位的代表就可以決定票應如何投法。因為政府須承認每一國民可以積極地參加政府的行政，這種直接民主又沖淡了代表制民主的特質。即使如此，聯盟組織的民主與雅典的民主還有很大的出入。雖然每一個國民都有參加聯盟會議的自由，但卻很少有人能如此按期參加例會的錢與閒。加之，不常召集的會議提高了那唯一的將軍的聲望與權力。這位將軍乃是聯盟的主要的當局。因此，聯盟的民主近似亞里士多德稱之為Polity的一種更溫和的民主政府。

在紀元前第四世紀中，甚至在城市國家內，亦有一種放棄極端民主的趨勢，並採用若干寡頭政治的方法。雅典的憲法經過若干次的修改，尤其是紀元前三二二－三二一年這一年的修改，值得注意。這一次修改規定祇有握有若干財產的人始能享有選舉權，憑抽籤或輪流任官的辦法也同時取消，參加國民大會與陪審的人員也不必再領取待遇。這些改革等於是放棄一切公民平等參政的原則，也就是承認政治是一種專門事業，祇有受過從政訓練與有政治經驗的人士才能參與政治。紀元前第四世紀的末年，行政長官的權力提高。雖然在紀元前三〇七年民主再度抬頭，選舉權所受的限制亦告取消，但這一次所恢復的乃是極端民主與貴族政治間一種折衷的辦法。行政指導會議是擴大了，所有公民因此都能參與政府各部門的行政工作。同時將軍團的執政部門伸縮的權力也擴大了，如此行政方面有特殊能力的人就可以得展長才。

馬其頓（Macedon）勢力的興起使希臘城市國家間內部的衝突的重要性減少，獨立城市的全盛時代逐漸地告一段落。紀元前第三世紀與其後期，雅典的民主制度雖大部與帕羅波尼西亞戰爭時期相似，但就政治的意義言之，許多這類的制度已失其重要性。就內部言，雅典已經在許多年中受富有的公民有效的控制，就對外言，馬其頓王國已經限制了希臘城市的自主。遠在紀元前三三八年，馬其頓的國王腓力浦（Philip）在喀爾尼亞（Chaeronea）擊敗了希臘國家的抵抗，自任希臘諸國的聯盟的領袖（斯巴達除外）。從此雅典、斯巴達（Sparta）與提彼斯（Thebes）即失去了領導希臘世界的地位。紀元前第二世紀的初年，馬其頓的優越地位受到新興的羅馬成功的打擊。紀元前一四六年羅馬占領柯靈斯以後，希臘世界的獨立就告一結束。紀元前一〇二年雅典因受羅馬的壓迫，民主政治遂被推翻。

希臘的雅典民主政治之經過改革與最後之受推翻，其原因不祇一端，而外交政策實為主要的根源。希臘人過度珍視城市國家的最高權力，一絲一毫也不肯放棄，這是希臘國家間的團結不可救藥的阻礙。希臘人對於自由與自治極具熱情，這種熱情不僅在國與國之間產生衝突，而且使妥協成為不可能，致使大敵當前，它們內部仍是不能團結。希臘人表現出他們根本不能考慮到一種泛希臘聯邦的共同的國籍。他們不能做這種考慮，其主要的原因乃是他們堅持公民資格必須包括直接與積極參政的意義。這種公民資格在一個任何較城市更大的政治單位中，都不切合實際。

希臘人外交政策的錯誤造成自主的城市國家的毀滅，但是我們須承認這中間亦有經濟的因素存在。雅典的民主，推演至於極端，一部分常要依賴屬國的進貢。直接的民主乃是一種最具消耗性的政府，到了紀元前第四世紀以後，雅典漸感無此財力維持那種一貫的與不變的民主。

現在我們要約略檢討雅典的民主優點與劣點。

首先要指出的，政府確實有效地掌握在大多數人民的手中，他們經過自由的討論以後，得在依法組織的大會中發表意見。雅典人很高度的實現了繼續不斷參與國政的民主理想。他們係使用我們所稱的直接的民主達到這種目標。在這種制度的下面，每一公民均得當選為國民大會的議員，而且能參與行政工作。不過，當時直接的參政之所以成為可能，其所用的方法，在現代眼光中卻是不合理的。雅典公民資格的限制、奴隸勞工的存在，與依賴屬國的進貢以維持政府開支，凡此種種手段都是今日所不能容忍的。但是我們也絕對不能因此而認為雅典的公民是完全依賴他人的勞力維持其優閒的生活之「職業的偷懶者」。勞動階級的納稅與其收入相較仍非常的細微，而且我們有充分的證據指出大部分公民本身從事農業與工業。國民大會對於富人也無意課以重稅。誠然，陪審委員會對於富有的被告偶而處以鉅額的罰款，但經常沒收富人財產之說尚不能獲得證明。一般的說，民主分子在施政方面還是相當的公平。

雅典政府也不能被形容為軟弱的紊亂。大會當然免不了有倉卒從事的地方，但政府的施政尚能表現出果敢與敏捷，對於個人自由與私人財產的保障，民主政府所提供的尚超過寡頭政府。秩序的維持與司法的處理均能使輿論折服。在執行濟貧條例方面，雅典的成就實遠在羅馬貴族政府之上。禁止官吏的貪汙與腐化，羅馬失敗的地方雅典卻獲得成就。為達成此種目標，雅典所用的方法係嚴格執行執政官員帳目的稽核。

雅典政府機構最大的缺點為行政權力的軟弱。雅典人民因太嚮往絕對的平等與不信一切個人的領導與指揮才產生這種流弊。除了規定公民如提出一種違憲的提案也許要受到控訴外，其他對於最高的人民的意旨便沒有什麼束縛。在輿情激昂的片刻，國民大會可以完全放棄一切道德的考慮，這可以於紀元前四一六年大會議決毀滅米底亞人（Medians）一事看出之。危險的是國民大會中討論方案時沒有規定誰負責任。建議的權力係操在一個公民的手中，而執行須由他人負責，如此政策的責任就不能歸諸原來的建議者。這種制度的結果乃是權力集中在煽動分子的手中，他們善於利用批評與指責的天才以對付官吏。同時執政人員的提案權有經常受到限制的傾向，益以行政不得連選的規定，簡直是獎勵無經驗的人員從政。如果要使雅典的政策健全與一致，對於煽動分子的活動必須予以限制，對於執政人員的獨立與權力必須予以提高。可惜，在雅典的民主時期，從未實行過這類的計劃。

現在，我們必須檢討古代希臘民主的哲學理論。當時最偉大的民主理論者要推亞里士多德（Aristotle, 384-322 BC），他被認為是政治科學的鼻祖。他於其所著《政治學》（*Politics*）一書中檢討希臘曾經試行過的各種政治制度，並研究必如何能使每一制度的實行獲致成就。這裡最主要之點乃是他的研究祇限於城市國家。雖然，他個人很瞭解馬其頓王國，他卻堅持國家不應當像馬其頓那樣大，致使公民彼此不能認識。因此，亞里士多德宣稱贊成繼續維持小規模的城市國家的存在。他在著作中表示最好的國家乃是每一公民均能度一種完全為國家服務的生活，凡不能參政的人便不是一個正當的公民。亞里士多德於此所表示的祇是雅典人中流行的關於公民資格的見解。但是人民的意旨須受到守法的限制，他對於不守法的民主曾加以嚴厲的指摘。

亞里士多德並不認為某一種單純的政治制度在任何狀況中都是最好的制度。政府的安定有賴於某一政治制度之優點者少，有賴於適合於一般人民的智慧與道德者多。因此，在大部分人民都貧困時，宜有民主。但在所有的憲法中，宜規定人民應託以某種政治責任。人民的全體很顯然地適於負責推選行政人員，並於其任期終結時檢討他們的功與過。當一個社團到達一個高度的德行與智慧的水平時，制定命令也可以交由公民負責。不過，有一點很重要的，那便是要對人民的立法權加以相當的限制，因為每一階級一旦掌握政府的機構以後，很容易要犯祇為該階級謀利益的毛病。所以，為安定起見，也許應當許每一公民參與大會與司法陪審委員會，但須記著不要把最後的權力放在人民本身的手中，而應當置於憲法的範圍內。

這便是亞里士多德所稱的民主政體（Polity）。每一公民都是大會中的一分子，但是大會並不能為所欲為，並不是超出法律之上。這種民主政體是以自由與平等為基礎，但是自由並不是毫無束縛的，平等也祇是比照的，不是絕對的。換言之，現代民主係承認有天才的公民特別適於擔任政府職務。另一方面，抽籤法與服務酬報法都是極端民主的特徵。公民，特別是貧困的公民，不受任何法律與判例的束縛，結果總是難免造成紊亂。

亞里士多德慣於過分指摘極端民主造成的錯誤。但從事實上，我們所瞭解的，雅典大體上對於紀律與秩序維持得頗好，國民大會頗尊重財產而且並未壓迫富人。亞里士多德在他的書中其他部分亦承認雅典人民具有判斷的能力。他對於人民在政治上判斷力的信任乃是他贊成民主政治一個重要的論據。他所著重的是全民的最高權力，不是一個階級或一個人的權力。他本身主張一種混合的政體，不過他認為多數人總比少數人難以腐化，一個人的政治能力總不能與一群人並駕齊驅。亞里士多德雖對雅典的民主政體有所批評，而他的理想卻是接近全民政治。

其他思想家，尤其是伊索克拉底（Isocrates）與柏拉圖所得的結論也多少與亞里士多德相彷。伊索克拉底聲明不贊成抽籤任官法，這種方法他認為不可免的阻塞賢路，使有才有能的人沒有機會替國家服務。柏拉圖甚至更進一步否認一般的公民從政的能力。他認為民主難免散漫而無效率。民主人士所堅持的絕對的平等祇能在政府中造成無原則無能力的現象。柏拉圖於其所著《法律》（*The Laws*）中所述的體制亦表示願意容納民主的成分。在他所計劃的體制中，國民大會應包括所有的公民，而且具有推選執政人員的權力。不過他這種設計是針對著一種不得已的情況的權宜的憲法，從他的《共和國》（*The Republic*）一書中，我們可以看出他心目中的憲法乃是一種知識的貴族政治。

寫到這裡，我們不必對於雅典的民主下什麼結論，但可以指出若干趨勢。過去常有人宣稱任何執政制度，凡許可公民直接參政的，也就是最能保障自由的制度。雅典民主政治的特有的優點即是每一個公民都能參與國政。自由的享受誠然是祇限於少數成年的居民，但這是古代的通義；而公民的優閒的自由其意義至少是含有不干涉瑣碎的自由，唯如此，公民才能致力於藝術、文學與其他物質以外的興趣。雅典的民主狀況是最能產生文化的藝術。我們也可以說，自古及今沒有一個國家，對於創造的努力曾經有過像雅典那樣深刻的鼓勵。

自由與自治這個意理算是實現了，但雅典人卻未能調和自由與權力。對於國民大會當時缺乏有效的箝制力。全體公民的參政造成對於各個公民的私生活的干涉。在民主盛行的時期，雅典充滿著情報人員與應聲蟲。蘇格拉底（Socrates）的處死罪名為傳播異端邪說，告發的人是情報人員，促成他死的便是應聲蟲。雅典人因為沒有精神平等的概念，故準備置個人於社會支配之下，此種做法祇能礙阻人格的自由發展。

希臘人未能瞭解祇有犧牲若干自由才能有效地抵禦外侮。民主在外交政策方面是一種失敗，這並不是因為民主政治孕育無能，而實由於極端民主使公民不肯犧牲若干自由應付外交。在一個聯邦的或有主屬關係的政府中，妥協是必要，雅典人獨對這一點缺乏智慧與意識。城圈範圍以外就很少有愛國思想。公民本身便是國家。直接的民主使人民祇想到本身的問題，不考慮他們對於其他社團的責任，因此雅典與斯巴達祇顧到本身的自由。希臘人當時如能團結，他們不僅可以保存而且可以推廣希臘的文化，敵人雖強亦無可如何，但團結這一點希臘人獨不能做到。

在城圈以內，雅典的民主確證明了為一種穩定的與成功的政治制度。生命與財產大部分獲得保障。憲法的變動很少發生。法治、平等與自治的原則是十足的實現了。但是希臘人堅決拒絕犧牲獨立的與孤立的城市的理想，使他們不能在地中海區域成立更大的政治單位。迨後來獨立城市垮臺之後，希臘諸國首先被馬其頓，稍遲又被羅馬所征服。

第三章

羅馬政府的民主因素

希臘國家的發展與羅馬憲法的演進，其間存在著一種完全的與啟迪性的區別。誠然，早期的希臘與羅馬史有很近似的地方。在這兩個社團中，起始是王權當令，接著是貴族秉政。貴族得勢時期，權力操在執政人員的手中。其後日子長了，有錢的新貴族逐漸抬頭，要求分潤政治的權力，迫使舊貴族的當權者不得不逐漸讓步。結果，在雅典方面，政治就逐步走上民主的途徑。另一方面，羅馬從很早的時期，憲法在形式上就是民主的，在事實上是寡頭政治的。羅馬國家的制度是民主的，但在精神與行動方面，卻表現出是依據貴族原則的。

雅典國家與羅馬共和國最主要的不同地方乃是它們對於公民的條件有著極不相同的概念。在雅典方面，公民的資格，就權利與義務講，是廣泛的與無所不包的。一個雅典的公民是可以充分地參與城市每一部門的生活。羅馬的公民資格主要的也是社會的與政治權利的問題。但是在羅馬方面，公民團體與雅典不同，缺乏團結，不是有聯繫的人民。羅馬人口中實際上有兩種公民，一種是貴族（patricians），一種是平民（plebians），二者各有其分立的與平行的政府。這種平行的政治體制的存在乃是羅馬的發展中一種獨特的情形。

公民資格問題的解決，係羅馬一個最重要的成就。承認平民大會（Plebian Assembly）的平行的政權，在行政方面，大有引起紊亂的威脅，但它卻足夠醫治內部的分裂，羅馬城內公民權利的擴展乃是羅馬城站在統治的立場上成功的道路，雅典方面的民主很嚴格地限制公民資格，而羅馬的公民資格卻有各種方法可以獲得。羅馬將公民權給予被征服的與聯盟的社團，終使義大利成為一個政治的單位。雅典失敗的地方，羅馬卻成功了。羅馬完成一種包羅更廣的社團的結構，在這個社團中，顯出了義大利新興的團結的情緒。

羅馬將公民資格給予受它統治的各民族團體，並不使政府機構發生任何劇烈的變動。除非羅馬許可相距甚遠的城市選舉代表到羅馬參政外，邊遠的人民並無實際的收穫，他們祇能享有選舉權，這並不能使他們有效地行使政治的權力，因為投票祇能在羅馬行之，邊遠的人民很少肯到羅馬行使投票權。但是羅馬從未允許外省選舉代表參加在羅馬的平民大會或貴族院（Senate）。因為羅馬的政治體制仍是屬於具有古代城市國家色彩的直接民主的模型。

不過，政府的機構係笨拙而又複雜的。羅馬人的虔誠與保守使他們對於不合時宜或不靈便的制度祇是修改或維持，而不肯取消。羅馬的憲法一如大不列顛聯合王國的憲法，大部分是根據先例，而不經立法程序制定的。與雅典的憲法相較，羅馬的憲法是更有伸縮性的，因為羅馬對於違憲的動議沒有處分的規定，法律修改的程序在羅馬是比較簡單的。

羅馬政府很早就已成了表面上的民主。祇有一個有限的期中，人民集合起來選舉行政官吏實含有主權在民的意義。羅馬甚至到了君主的時代，一般的風尚似乎還是選舉而不是世襲。紀元前五〇九年是後來承認的，以年選一次的執政制度

（Consulship）代替君主制度的一年。同時這也就是貴族與平民真正開始爭取公民與政治權利的平等的一年。

平民決心要保護他們本身不受歧視與壓迫，這種決心鼓勵他們走向民主。他們所希冀的是安全，怕的是政府的倒行逆施，倒不是要求有自治的權利。當時頒布一種具體的與易解釋的法典便是走向自由的顯著的步驟。不過，事實的真相是除非政治的民主獲得進展，公民自由不會得到真正的保障。祇有把握控制政府的最高權力，人民才能有效地獲致他們新建立的自由。在這種衝突中，決定的因素乃是要聯合起來共同抵禦外侮。平民在政治利益方面爭得與貴族平等的地位係靠他們能執戈衛國。羅馬人不同於希臘人的乃是前者得到了內部必須團結的教訓。

羅馬共和國的充分發展的憲法，在若干限度內，近似亞里士多德認為最適於城市國家的情況的現代的民主或 Polity。雅典與其他城市極端民主的實現係以犧牲執行部分的權力為代價，羅馬憲法卻避免了這種流弊。事實上，執政長官的強有力乃是羅馬政府的特徵。執政的作用不僅限於行政的範圍內。高級行政官吏自君主政體因襲來的權力不僅包括共和國的全部行政，而且包括唯一的立法權與重要的司法權。誠然，這些權力多少要受到同僚協商的原則的牽制。在這種原則之下，每一執政者至少有一個，但經常有若干個同僚，每一行政部門的每一個人員對於該部門執行長官的意旨具有同等的牽制的權力。因此，實際上一個官吏可以癱瘓他的同僚執政長官的活動。但是這種權利很少用到過，因為在採取某一部門的公務由該部門的若干人員分別擔任的辦法後，不使用該項牽制的權利也不致即刻引起某種處分。抽籤的方法似乎避免了意見的衝突。除了護民官（Tribune）能有效地干涉任何執行長官外，很少用到否決權來限制較重要的行政長官的權力。另一方面，執政長官不僅能行使重要的特權，並有權強迫執行他們的權力。

這些執政長官的權力，在任期以內，幾乎是絕對的。祇有他們才有權召開平民大會並擔任會議的主席。在雅典方面，在召開國民大會特別會議時，將軍們的權利充其量也不過有優先動議權，至於羅馬則唯有執政長官能提出國政議案。加之，個別的執政長官在其本身的職掌內握有近似立法的權力。他可以發表在他的任期內有效的宣言或命令，而且因為這類的命令常為其繼任者再度頒布，它們逐漸就取得法律的效力。在司法部門內，關於若干種案件，他的民事和刑事的管轄權要受到上述國民大會權的限制。然而司法長官的權力仍是很大的，而且在許多方面是不受束縛的。這種廣泛的權力也許是出於羅馬的公共權力的概念。羅馬認為政治權力，從它的本質看，應是絕對的與不可限制的。

但是羅馬的理論，對於執政長官的職權，也含有應加以控制的意義。行政長官的任期規定為一年，有的機關不許再度當選，有的祇允許經過十年後才可以重被推選。經常一個人擔任官職須依照一定的次序。這些辦法雖然不是出於一種意圖以為所有的公民都應平等地參與行政，它們也許是當權的貴族階級的一種決定的計劃，要替年輕與有才華的公民開闢一條政治上進身的途徑。羅馬並不討厭有經驗的官吏，而雅典卻有此種成見，這可以於其輪流任官及以抽籤分配官位的方法見之。

除了最高階級的長官外，在法律上對於其他現任的國家的官吏，亦猶之對於一個私人，可以加以控訴。因此，對於羅馬所行的這套辦法，我們可以用已故的戴雪（Dicey）教授的名詞稱之為「法治」（the rule of law）。不過這類控訴現任官吏的行動，是不受人歡迎的。直到紀元前第二世紀才有一種企圖在羅馬的政治生活中提出一種人民直接控制官吏的原則。護民官提比瑞亞．格拉赤斯（Tiberius Gracchus）為要免去他的同僚阿克塔維亞斯（Octavius）的職位，曾闡明一種理論，謂執政長官為人民的代表，如果他們失去了人民的信任，他們就應當自動的辭職。但是對於執政長官這種斷然的免職，在羅馬政治中，注定了不能成為常見的事態。羅馬人認為獨立與決斷對於執行行政的任務是非常重要的。

羅馬憲法中的民主的因素乃是以平民會議（Comitia）為代表。依照公民集會的原則，這種會議具有三種形式。最初的形式為區域或部族的會議（Comitia Curiata）。在君主時代結束以前，曾有百人團（Centuries）的會議（Comitia Centuriata），稍遲有部落的會議（Comitia Tributa）。共和國建立不久，區域或部族的集會祇剩下了一種形式上的作用，立法與選舉權轉移到百人團會議的手中，後者比前者似較為民主。部落會議也比較不受貴族的影響，鄰居的關係不一定牽涉到親族的關係。

除了這三種人民會議外，還存在著一種平民會議（Concilium Plebis），這個會議與上述的會議（Comitia）不同的地方乃是這個會議祇包括平民。這個會議的組織原也是以部落為基礎，日子久了，它的簡單的程序與民主的內涵使它成了羅馬主要的立法權威。

從內涵與內部的安排言之，所有這些會議都表現著共同的特徵，那便是它們都行使集團投票的制度。雅典的公民大會享有自由辯論與個別投票的特權，羅馬的公民則在會議中執行他的立法與選舉的任務，而他所參加的會議都缺乏有效的討論權，並且須分成集團投票。這種制度不免偏重知識與富有的人士的利益，因為集團的人數相距懸殊，用官方的操縱力量，可以將較窮的公民的票做巧妙的分配，讓富有的與勢力較大的階級保持有效的控制。就百人團的會議來講，會議中共有一百九十三個百人團，其中有九十八個係操在富有的公民手中，這種組織顯然蓄意要讓富有的公民在會議中立於優勢的地位。至於部落會議如何，吾人須知紀元前二四一年以後即無新部落的建立，這是說新獲得公民權的社團祇能登記加入現在的部落。具有登記新選民責任的戶籍官於此也能發生操縱的作用。因此，集團投票對於民主政府，也是一種重大的牽制。

上面我們已經指出，雅典的公民大會雖然在一切執行的決策上具有最高的權力，卻不是一個至高的立法機構。事實上，立法根本就不是該大會的正式的任務。另一方面，羅馬的平民會議卻是唯一的立法的權威，不過實際方面，立法需要執政長官的動議與貴族院的同意。羅馬的平民大會祇有唯一個執政長官的召集才可以開會，它對於執政長官的動議既不能修改，而高級執行人員對於它的決議尚有否決之權。不過它也有效地保持了若干權力，一種挑釁的宣戰須得它的同意，一個機關的執政長官出缺，它有權在幾個候選人的中間任選其一。貴族院得拒絕批准某種人民的決議，這是羅馬的大會在選舉與立法方面所受的阻礙。但是在紀元前三三九年羅馬曾制定一個條例，規定事先得徵得貴族院的同意，這一條例使該院直接的否決權大體上失去作用。不過平民大會的主動與獨立性仍繼續受到首席執政長官的裁奪權的限制。

純粹的平民會議祇能通過平民決議（plebiscita），不能通過法律。但是這些決議對於平民是有拘束力的，及至有名的《霍鄧西亞律》（*Hortensian Law*）通過以後，該項決議對於全部人民團體也是有拘束力的。在平民大會被承認為羅馬人民的主要的立法會議時，平民的決議也就因而具有充分的法律效力。護民官具有裁奪的權力，他們與貴族院取得密切的磋商，對於平民大會的權威無疑地是一種束縛的力量。但是它繼續相習成風地將大的政策問題向人民大會提出，凡經正式提出的議案，無論其為何種問題，平民大會幾乎都有權制定法律，這似乎是沒有問題的。

羅馬國家在不斷的擴大，維持政府中的民主因素，其困難是與日俱增。大概說來，國家擴大的結果，乃是使各型會議與平民會議更缺乏代表性。許多普通投票的人民服務軍旅，久假不歸，他們在會議中失去的力量就不免為貴族院所劫奪。公民的人數大量增加更進一步地降低了各種會議的地位，因為新獲得了公民權的投票人很少能執行他們的政治任務。在這種情況下，人們逐漸承認貴族院乃是比較宜於處置國事的一個團體。

羅馬於紀元前二八七年制定《霍鄧西亞律》，這是羅馬的民主發展的高峰。這個著名的條例規定平民會議的決議案對於全民是有拘束力的。因為這些決議案從未受過貴族院的否決，在憲法的理論上講，這個條例建立了平民大會的最高權力。事實上《霍鄧西亞律》的制定並未有效地樹立一種民主的政府，這不能不歸咎於羅馬人民固有的保守主義與執政長官保持對於立法提案權的控制。當時的事態表示民主的方式與貴族院的實際的優勢是相適合的。

貴族院大體上是一個曾任執政人員的團體。它的前身為原始的元老會議（Primitive Council of Elbers），這種會議是在父權盛行時代經常存在的。從執政人員及過去的執政人員中挑選貴族院議員的事宜在一個很早的時期就交由一個戶籍官負責。它的權力大部分是以習慣與先例為根據，羅馬人的特性係尊古並重視年齡與經驗，這種思想對於它的權力也是很重要的支持力。但是貴族院議員的產生仍是出自間接的民眾的選舉，因為這些議員也曾經在某一時期做過民眾的候選人。

貴族院議員通常是任職終身，他們主要的是出身富有的階級，這種事實決定了這個議會中貴族的性格。貴族院後來成為統治羅馬的主要的權威。到了紀元前第四與第三世紀，羅馬進入了一個很長的與重要的戰爭時期，貴族院議員的經驗與專門的知識在這個期間不可免地要提高該院的聲譽與勢力。貴族院很容易獲得執政長官的合作，因為每一官吏的任期都是很短的，那些執政不是已做過貴族院議員，就是希望於任滿後得入貴族院充當議員，當然他們願意與貴族院合作。事實上執政長官不必就商於貴族院。它無權制定法律，它的決議案又從未取得法律的效力。執政們為了本身的利益願意結納這樣一個尊貴的團體。唯有外交政策為貴族院的職責所在，因此，當國家遇到困難的關頭，貴族院須負責維持國家的安全。在這種情況下，執政們將重大的決策交付貴族院乃是憲法上一種應有的措施，日子久了，貴族院就開始侵入立法的範圍。

上面業已提到法律的提案權把握在執政的手裡。到了紀元前第三世紀，這個提案權必須得到貴族院的同意才能行使。法律雖未嚴格地規定一種決議不經貴族院的同意不得在平民大會或其他會議中提出，但事實上貴族院享有這種權力，這便是護民官運用權力的結果。十個護民官每一人都握有一種特權可以否決一個執政大臣的建議，貴族院要在這些護民官身上建立有效的控制並不是難事。但是除了貴族院對於平民大會能產生間接的影響外，它在事實上還可以用決議的方式直接立法。這類貴族院的決議絕對不能推翻一條法律，而且祇能在法律沒有顧到的地方才有效力。但是貴族院毫不遲疑地在個別的事件上行使停止引用法律的權力，而且下面我們就要指出在非常時期它可以完全停止普通法律的實施。在財政方面，它規定各省應付的租賦額，為行政各部擬立預算額，並監督官吏的開支。我們若研究在這些權力之上它還有外交政策的控制、軍事行動的監督，與建立司法委員會以審訊叛國與其他公共的案件的權力，我們就看出羅馬真正操縱政權的，不是平民大會，是貴族院。

貴族院須處理的事務，其項目與性質可與一個現代的國會功用相比擬。從下面所指出的程序看來，我們就會發現許多相對照的地方。貴族院祇能在奉到高級執政人員的召集才可以開會。它的議事項目祇限於執政大臣們所提出的。在選擇提案以便交付投票及使辯論得到一個結局，首席的大臣握有很大裁奪的權力。這類的情形，偶一看來，似乎貴族院的主動與獨立性是受到了限制。但是貴族院亦有強迫執政長官提出議案的有效的方法。加之，貴族院不受政黨擾亂的影響，不必受政黨政綱的牽制。議案直接提到全體大會，不必先交由委員會審查。但我們必須記著，該院所有的議員都是在行政上有經驗的，因為他們的任期是終身的，所以個人能保持一種獨立的見解。因此，它雖缺乏目前立法機關認為至關重要的審查的工具，貴族院卻達成了一種一貫的政策，並根絕了人事的關係。假使政策的控制是操在年選一次的執政的手中，這種成就便是不可能的。

人民對於他們的代表機關，雖不是經常加以控制，但卻具有最後的控制權。在真正的民主國家中，儘管操著最高權力的為人民代表機關，但日子久了，民意一定要成為最後決定的因素。經常我們都承認一定要規劃一種暫時剝奪公民的憲法權利的裁奪權。司法的最高權力也許是寄託在一個團體或個人身上，這個團體或個人係有權決定國家的安全是否需要停止憲法規定的民權。關於這一點，我們很難不承認貴族院對此問題有決定的權力。當國家遇到危險的關頭，祇有貴族院會向執政（Consuls）提出意見，任命一位獨裁者主政，並予行政大員以特權。加之，貴族可以通過決議建立一種專制的政府，這種政府可以不經人民同意，對於一個公民處以死刑。另一方面，也可以說貴族院議員本身係人民間接推舉的，因此貴族院的法令若與平民會議制定的法律相牴觸，就應當視為無效。護民官的遴選其權操在平民會議的手中，平民會議可以很清楚地選出能聽從它意旨的人任護民官。利用護民官的否決權可以完全癱瘓貴族院的行動，這種可能性是存在的，可是護民官卻未曾認真地考慮過要行使這種否決權。羅馬人民如果願意的話，可以否決貴族院的決議，這種事實係建築在羅馬人握有最後權力的理論的基礎上。可是在大部分場合中，各種會議都願意接受貴族院的指導。當時一般人都承認處理政府施政的細則，以有經驗的貴族院議員們較為合格。貴族院與各種會議的關係可以比之現代的國家中立法機關與選民團體的關係。在正式政府機構的後面選民團體的組織如同一個最後上訴的法庭。正像若干政策與司法問題，在民主國家如瑞士及澳洲，係交由人民裁決，在羅馬亦復如此，若干問題，尤其是宣布一種進攻性的戰爭，須由平民會議決定。平民會議實際上很少冒險否決貴族院的行動，該院在共和時代的大部分期間仍然是最高的統治機構。政府的各機關和衷合作，主權在民的理論與一種貴族的行政並不發生衝突。

就對於鄰國的民族的態度而言，羅馬共和國與希臘的城市國家有最顯著的不同的地方。羅馬從一個很早的期間與原始拉丁聯盟（Latin League）時代，諸城市在該聯盟的區域內，享有互惠的利益。在若干情況下，一個城市的公民可以遷徙到另一個城市，而且能享受該城市的公民的全部權利。這是不同於希臘的一種最重要的措施，因為義大利的團結與最後全部西方世界的團結都是靠這種公民利益的擴大。

羅馬的主要的成就乃是擴大城市國家範圍，其方法則是將羅馬的公民權給予併入國土的歸化的人民。這種做法，羅馬的國家的領域是擴大了原有的城市國家的團結與活力，換言之，其他城市的自治並未被摧毀。但是，外交卻是掌握在羅馬的貴族院手裡。

義大利半島的征服乃是逐漸完成的。羅馬對於如何解決被征服的民族團體的問題曾費了很多的時間才想出了一種方法。我們絕不可設想在義大利各民族的中間羅馬曾供給了任何直接的團結的力量。她的政策根本沒有計劃在義大利建設一個共同的政府。甚至到了紀元前第一世紀羅馬還有若干分立的民族集團，與羅馬發生程度不齊的關係。原始的拉丁聯盟多少與一種聯邦的組織相似，因為羅馬與她的聯盟國是以平等的地位聯在一起。但是在拉丁聯盟分裂以後平等的原則被放棄了，而代之以輕重有別的利益的方法。獲得羅馬的歡心的民族取得了全部的羅馬公民權，其他的民族祇取得民權而得不到政治的權利。當時沒有一種共同的政治制度，羅馬對於各民族集團應給以何種性質的利益係決之於各該民族團體的文化的程度。這種政策產生的一種結果便是劃分屬地人民與聯盟人民的利益。這種辦法加強了各民族對羅馬的向心力，頗有助於羅馬的統治。

到了紀元前第三世紀，羅馬對於被征服的地方的政策開始變質。迦太基（Carthage）戰爭結束後，羅馬兼併西西里島，隨此種征服以俱來的為若干文化較落後的民族。加之，羅馬人士進入西西里島，其地位為迦太基人的繼承者，向西西里索取貢獻品原為迦太基政治制度中正式的一部分。在腐敗的總督統治下，迦太基的不動產的收沒造成了假公家利益的名義而實行收沒土地的舞弊。在其後若干世紀中，受羅馬貴族院操縱的城市及民族的利益與日俱增，羅馬顯然不願再以公民權給予新加入版圖的民族了。

上述的情形也不能湮沒羅馬的主要寬大的地方，或者說羅馬在調和中央集權與地方自主方面所獲得的重大的成就。羅馬承認城市國家為單位，允許該項政治機構的繼續，而同時實際上不曾破壞它的內部最高的權力。一個公民，除了很少的例外，仍繼續絕對受他自己的城市的法庭的管轄。他的納稅祇是為了他自己的城市，不是為了羅馬。羅馬維護它自己的最高的地位，未曾過分限制地方的自主，它這種成就說明了古代的義大利已達成了一種組織上的團結。

但在政治上，組織的統一，並不註定要基於民主。公民人數的日漸增多，使召集代表全羅馬的公民大會非常困難。敏捷的行動有時實為必要，此項必要令人不得不傾向貴族院，該院的分子既有豐富的經驗又有無限制的辯論的權力。人民所著重的，如其說是控制政府，毋寧說是保護自己的公民的權利。雅典式的民主在羅馬從未建立起來。利益的平等羅馬人民求之而且得之，但這並未構成羅馬共和國的民主。羅馬人能選舉他們的執政人員，單就行政言之，他們確感覺具有此項控制權便很滿意了。他們著重的在秩序與效率。雅典人民在政治上的敏捷的智慧與觀察力，在羅馬人民方面，不易發現出來。雅典人民很快地看出一個直接的公民大會不能圓滿地處理政府施行的細則，為應付這類的問題，他們很早就設置一個用抽籤方法選出的一個民主的行政指導會議。在羅馬方面，國政的處理完全由執政人員與貴族院負責，同時，該城的不斷的軍事行政也不可免地造成貴族勢力的增長。羅馬人對於各個公民參與政治一事不甚感覺興趣。

羅馬人雖不醉心於民主政治的理想，卻決心要有效地維護人民的自由。憲法中個人自由的主要的保障在上訴權，每遇生命或公民地位發生問題時，他們可以離開執政人員，請求平民會議（Comitia）主持正義。不過在貴族院認為國家的安全有需要時，它可以停止該項法律的行使。貴族院的這種權力確實威脅到該項公民的權利。但是由於人民的自由得到護民官進一步的保護，貴族院很少採取上述的行動。

護民官得在平民會議前控訴執政人員。誠然，羅馬不像雅典設有人民陪審委員會經常開審，執政人員任滿時也沒有受正式查帳的規定。不過如果公民權利受到任何侵犯都可以要國家的官吏負責。

自紀元前第二世紀的中葉起。我們就可以看出促成共和國的崩潰與帝國建立貴族政治的力量已部分地開始活動。農業的衰頹引起了重大的社會的變遷，此種情況的直接的原因乃是戰禍連年與國外進貢的食糧的大量輸入。祇有奴隸經營的田莊尚可維持。較為精幹的公民則經常因服務軍旅而離開羅馬。留下未走的人多受新的重商主義的精神所激動，新被征服的各省乃是商業剝削的理想場所。軍隊的人數的日漸擴充對於共和制度成為一種可怕的威脅。在這種情況下，貴族院控制的政府開始崩潰，舊的貴族政治開始由政治生活中遁跡。

到了紀元前第一世紀，羅馬的民主制度已不復有任何重要性。公民人數的加增祇是添多了不能參加平民會議執行任務的民眾。當時已有建議在羅馬樹立一種代表會議，俾羅馬的同盟國都可派代表參加，但是這種理想未獲接受。以公民權許予義大利人而不採用代表制的原則更降底了平民會議的勢力與聲望。不過，依照當時大部分地中海世界政治落後的情形與交通不便，任何一種政治的代表制是否行得通也不無疑問。也許羅馬貴族的腐敗迫使羅馬走上專制之路，因為當時真正的力量是在軍隊的手中。城市國家型的直接的民主顯然已不合時宜了。

羅馬帝國的政府中並無真正的民主的因素。從凱撒（Julius Caeser）時代起，公民權已不復與自治有關。凱撒以公民權給予新行省中非義大利的人民，用意也許在準備實行帝國的統治。這種辦法不期然而然地降低了羅馬的貴族與人民的聲望，而且值得重視的，在凱撒獨裁的期間，平民會議的立法權大部分停止使用。在奧古斯都（Augustus）的統治下，會議的次數比較正常，執政人員仍由人民會議推選。不過，這也祇是表面上的民眾的合作。國家的真正政權仍操在皇帝的手中。奧古斯都雖然是自稱為人民的代表，而且事實上允許平民會議推選將來的皇帝，日子久了，真正的決定權，漸漸轉移到軍隊的手中。他的繼任者提比瑞亞（Tiberius）將選舉皇帝的權力從平民會議轉到貴族院的手中。立法權也逐漸地脫離了平民會議，而貴族院的決議反取得了充分的法律效力。到了紀元後第一世紀末，平民大會留下的唯一的權力為形式上批准貴族院通過的給予皇帝新的權力，在平民會議中自由討論的政治概念，此時羅馬也不能保留了。第二世紀的羅馬的法律已沒有參與國家行政的公民權的概念。誠然，他們視人民為權力最高的泉源，皇帝為羅馬世界的最高立法者，烏羅平（Ulpian）與其同僚法理學者都很明瞭人民已因他們本身的表現成了最高權力的泉源。視法律為人民承認的意旨，這種概念是羅馬的政治理論留下來的值得注意的遺產。但是事實上帝國的初期，憲政的政體是在走下坡，並且在安托尼朝（Antonines）以後的那個多事的期間，甚至民主的傳統也不見了。

羅馬的共和制度的特有的優點在能密切聯繫權力與責任。羅馬的制度使國政不致受不負責的煽動分子有害的干預。在立法方面執政人員的建議權毫無問題是有限制人民會議的權力的作用，但它也使國家不致受不負責的人提出的缺乏考慮的政策之害。同時，民主因素並不是沒有其重要性。操縱政權者也是人民直接推選的。他獲有幾乎無限制的權力，但為避免他濫用權力，當時亦有充分預防的規定。

另一方面，行政人員對於專門技能的重視促使人民放棄其政治的責任。在共和時代，平民會議對於貴族院與執政人員的越權曾不加以責難。在帝國時代，羅馬制度的弱點年復一年地暴露出來。時間久了，一種官僚政治的過度干政損毀了國家的生氣。自我的發展受到箝制，雖然各省也許獲得很好的治理，地方自治卻因此犧牲了。為了這個原因，各省就不再衷心保全帝國。

羅馬人對於政治的原則或理論不甚注意。但是羅馬法所根據的原因對於中古與近代的民主運動卻有很大的影響。羅馬法律家認為國家的存在是在充分保障各個公民的權利。國家的權力係出自民意，因之，國家必須負責增進全體國民的福利。公共的安全也許需要在某些方面限制個人的自由，但這不能作為拒絕承認人民享有具體的權利的藉口。另一方面，政治的制度反被認為是次要的問題。個別的羅馬人，特別是西思羅（Cicero）也許對於民主的見解與雅典相接近，相信個人在政治的作用方面有若干能力，故應參與國政。但是大體上講，羅馬人對於執政人員從人民接受權力復在立法方面與平民會議合作這種制度甚感滿意。施政的細則應屬於有經驗的官吏的職掌。但我們可以這樣說，羅馬人認為凡不承認人民為一切政治權力的最後泉源的政府都不是合法的政府。

第四章

中古代議民主的發軔

要研究今日西方社會的基礎，須追溯到中古時代的初期。在這一個期間，西歐雖為動盪與變氛所籠罩，但也可看出有兩種新的力量在活動著，注定要轉變社會的基礎。在古代國家和政府的概念之外，那時又加上了基督教倫理的基本原則與條頓民族的政治理想。基督教帶給中古歐洲的是一切人類平等的概念與對於個人人格的尊重，這種理想逐漸地把奴隸改成為佃奴，並且在教會的組織內堅持不承認有家世與階級的區別。近代的民主的基礎在承認個人的權利。這種承認部分的出於宗教。近代的民主的基礎也可以追溯到中古初期的另外一種偉大的塑造的力量，那便是條頓民族的政治的概念。該項概念係基於自由人之間自動的協議或契約。原始的權利平等的假定是基於這種契約的因素，這種因素又是現代民主發展的根基。

古代羅馬帝國建立以後，直接的民主隨之消失。人數眾多的社團，祇有採用代表制，直接的民主顯然是走不通的。從希臘方面，我們已經看出以埃狄卡（Attica）那樣一個仄狹的領土，雅典的民主還不得不有賴於排斥從事生產的民眾於政治的權利之外，另一方面，羅馬由於領域的擴大，政治也隨著走上貴族化的途徑。但是在中古的初期沒有固定的領土的單位，條頓的部落原來都是很小的，所以能將他們的決議案提到全體部落的會議。在第七與第八世紀，撒克遜（Saxons）人及其他民族亦偶一舉行代表會議，雖在中古法律與習慣雜陳之時，人們仍未忽略政府尊重民意的必要。日子一天一天的過去，團結與聯合似乎是一種自然的發展。因為社會的需要是與日俱增，祇有賴共同的努力才能獲致此項需要。這種聯合的趨勢，透過代議制的原則，才能把許多大小不同的社團聯合起來成為現代的國家。所以要研究代議制的起源一定要追溯到中古。

中古期間基督教會的組織促進了自由與自治的理想。教會不僅鄭重宣布人類的共同的愛，並且在教會的範圍內實現了民主的理想，而且它的存在多少保障了個人的自由，阻止了世俗政府對個人的完全的控制。

政治上代議制原則的起源今已不可考。但是在基督教會的制度中卻是常潛伏著代議的理想，而且在一個比較早的時期，政治機構中亦有此種理想的表現。大禮拜堂與主教區的教士推選代表參與宗教會議，這種舉動將代議與選舉兩種觀念連在一起表現出來。中古的早期世俗領域內也實行過這些方法，首先用到代議制是在司法與行政方面，不過該項方法的提出卻不含有民主的意義。原來條頓民族的王國有一種特權可以強迫地方社團的代表提供關於宣誓的情報，到了中古時由於王國力量的增長，這種制度慢慢地擴展到包括財政與司法，最後更擴展到立法方面。當時這種運動與政治的理想無關，直到十四世紀，代議制的行使才成為一種促使人民控制國王的方法。

英國係代議制政府發展最早的地方，州（County）或郡（Shire）與區（Hundred）的法庭大部分係由代表組成。因此，遠在諾曼征服以前即已有教士代表市鎮與州長參加區法庭會議的事。他們祇在疑犯受國王的官吏審定時才參加法庭會議，其目的大部分屬於司法的。他們沒有從所代表的人獲得訓令，也沒有審核的機會。我們也不能斷定他們是否選出來的。在十一與十二世紀中，參與法庭的工作乃是擁有若干土地的地主一種應有的責任。不過代議制在當時並不是一種民主制度，其目的也不在使政府受到若干程度的控制，相反地，它乃是一種國王處事的方法，意在維護司法與王權。

英國國會的建立最初淵源於州法庭中集合各地方社團代表的慣例。羅馬的歷史家塔西都斯（Tactus）所描寫的條頓族的部落會議在英國也許就從未有過近似的組織。在盎格魯撒克遜時代，英國的自由人也許偶有集會，但是一種像條頓族包括全體部落人士的會議是顯然不可能的。盎格魯撒克遜會議或稱哲人會議（Witan）乃是一個國王的顧問的團體，沒有具體的組織，其人選大部分要看國王的意旨。不過州會議在相當限度內曾維持了一種民眾合作的傳統。諾曼征服了英國以後，除了國王外，便是國王的御前會議，這個團體包括的一部分的大地主，一部分是國王特別召來的顧問。最初御前會議（Curia Regis）執行一般的任務，英國在中古的政治史大部分也就是這些任務的逐步的專門化與分工的歷史，那就是說，御前會議的任務後來分散了成為若干部門。這些分支中最大的，最後也是最重要的，就是大會議

（Magnum Concilium），這是由於召集各州市的代表與國王及其御前會議人員，在西敏寺（Westminster）的集會逐漸轉變成為一種國家的立法機構。這種演變便是國會制度的起源，也就是英國民族對於西方文化最有價值的貢獻。

到了十三世紀，各地方的代表連同國王的正規的顧問的集會已不再是偶然的措施，但巴力門（Parliament）這個字始初見之於亨利二世（Henry II）晚年的紀事中，不一定含有代表會議的意思。但國王的御前會議雖然對於立法與司法具有全權，在財政與收稅方面卻全無權力，除非是貴族、主教與依法召集的各州市的代表亦同意國王徵稅籌款的動議。大部分由於國王財政上的需要，一部分亦由於司法與行政的事務的日趨繁重，偶然一聚的代表式的大會議逐漸演變成經常召開，而且更正式地開會了。國會的議員選舉成為州與市法庭的一種附加的責任。在起始充任代表，與其說是一種權利，毋寧說是一種負擔，但早在一三二七年城市居民，開始明白國會議員資格的好處。

但是就其為一種控制政府的機構說，終中古之世，民眾會議仍然沒有什麼重要性。國王的專制權力的束縛不是起於民主政治理想的發展，而實為中古封建法律的結果。在封建時代，政府的權力備受限制，封建地主可以藉取消效忠的威脅與從事私門的權利，迫使國王承認已有的封建習慣。因此，封建社會的組織對於國王的專制的傾向是一種重大而有效的牽制。事實上國王與地主階級的關係——更狹隘一點的說是與少數大地主的關係，祇是一種契約的關係。不過，當時人們認為國王須受法律的控制，並可以被迫遵守法律，這種觀念乃是西歐憲政的開始。到了十一與十二世紀，封建諸侯以能個別地反抗國王並能維持封建的法律與利益為滿足。英國在約翰（一一九九—一二一六）時代，貴族立於國王的反對黨的地位，挺身而出，以各階級聯合的社團行動爭取了《大憲章》（*Magna Carta*）。這些階級每一個都是被認為具有政治權利的。這些安排中，實含有民眾控制政府的意義。雖然這些安排是非正式的與不合憲法的，但卻能迫使國王遵守憲章的規定。這些安排特具英國人的風格。《大憲章》中並未申述一般的政治的原則，祇是力陳具體的權利。已有的習慣原為專制的國王所忽略。這一次更承認它們具有法律的效力。當時的社會確有這種需要。但是有限的王權這一原則應與永久的政治機構發生聯繫，故到十四世紀時，代議制的國會的發展便正式奠定了限制王權的憲政基礎。

當時國會的性格已經經過深遠的變遷。不僅國會成為正常的，不是偶然的政治的運用，同時它也不再是為額外徵稅而行使的策略了。它的職掌此時顯然已包括著國家的大計與法律的制定。誠然，當時還沒有一種諒解承認國會通過的法案可以改變習慣法，國王反逐漸運用特權以壓倒法律。當州市的代表放棄以往祇提地方的與個人的請求的習慣，開始提出有關大眾的公共的請求時，他們便是向著近代型的民主政體邁進了一大步。巴力門由於積聚起來的公共行動的經驗發展成為一個全國性的立法機構，並且到了十四世紀末期，它在立法方面的權力，開始由於它所控制的給養日增重要而益獲保障。不過，直到近代，下院對於立法的同意的必要性始獲得充分的承認。

在歐洲大陸方面，自治的制度則未能在政治機構中建立起來而成為永久的與有效部分。法國各省的獨立足以阻撓建立一個統一的國會（States General），另一方面省議會的存在反使國王能個別地交涉籌得款項。加之，法國的國會缺乏英國國會所具的社會性的團結，它的行動每因階級的分裂而癱瘓。站在巴力門後面的是數百年來有組織的地方生活的州與市。還有，英國的國王有權堅持代表須參加會議，至於法國與西班牙的地方的社團則拒絕受它們的代表的決議所束縛。由於這些原因，十五世紀中，代議制在歐洲許多地方都衰落下去，國王獲得不經議會的同意就有徵稅、宣戰與媾和的權力。在這種王權提高的程序中，羅馬法證明成為一種有力的工具，而英國的習慣法對於政治的武斷的權力卻具有不少的障礙。

就時間來說，中古期中的國會的萌芽與發展，最早並不在英國。遠在一一三三年，亞拉剛（Aragon）已經有了代表的會議，稍遲在一一六二年，迦斯蒂（Castile）也有過代表性的會議。因為這些會議都是中古的階級會議，具有階級的分裂性並缺乏劃一的代表制，所以這些機關很像法國的國會。迦斯蒂的會議對於財政的籌集與開支確具有相當的控制力，但是它們的重要性要看市鎮的獨立與公共的精神如何轉移，到了十五與十六世紀，它們的重要性由於寡頭政治的傾向日增而減少。

中古時代維持民主制度誠非易事。君主制度是被認為唯一的受命於天的政體。冰島（Iceland）確曾維持過（約在九三〇—一二六二年）一個共和的政體，有一個部落或人民會議（folkwoot）。就自由人講，這個會議乃是一個主要的會議。不過政權仍是操在少數人的手中。到了十三世紀，冰島成了挪威國王統治的領土，這一共和政體遂遭消滅了。

對於政治問題的解決，我們雖必須承認代議制為中古最重要的貢獻，但我們也不可忽視在義大利與西歐其他部分自治的國家又再度出現。因為十二世紀及其後若干世紀中，義大利城市為積極的政治與社會生活的中心。所以可以拿它們與古希臘的城市國家相比較。在義大利與希臘兩國中，城市的主要的努力在保障它們的最高的獨立地位，而且在許多方面，這種努力妨礙內部的民主發展。十三世紀中佛勞倫斯（Florence）乃是義大利城市中最民主的。即使在當時這個最民主的城市中，雅典型的民主也曾未實現過。最後，義大利也和希臘一樣，城市逐漸分成了兩個敵對的團體，一邊是民主，另一邊便是寡頭政體。到了十五世紀，民主的原則很顯然地走下坡路。義大利的城市大部分被包圍在較大的國家領土中，領土團結的政策乃是城市自主的致命傷。

十一與十二世紀中，義大利的財富與人口迅速地增長，便是義大利的人民自治運動的起源。義大利的商業與金融的發展引起了一種新的權力的意識與一種政治的自覺，這種意識與自覺就發展成為建立公社（communes）的運動。一個公社乃是一種集體的權力（collective lordship），一種封建的分層組織中的一個自治的單位。它的特徵為舉行一種聯合的宣誓。公社原為私人間為相互利益而成立的一種協議，因為宣誓係集體地向民眾大會舉行，所以協議也包括著全體的公民。到了十二世紀的末年，倫巴底（Lombardy）與都斯卡尼（Tuscany）的諸城市中都有公社的存在。最初，公社的政府是非常民主的。行政當然操在執政的手中而輔以貴族會議。但是執政係由民眾大會所推選，立法權與批准重要的行政的決議權也操在大會的手中。威尼斯（Venice）的執政由公民的初級會議推選，這個會議具有批准或否決執政人員的行動的最後權力。但到了十三世紀，執政與秘密開會的貴族會議就開始僭越公民大會的立法權與選舉權。在佛勞倫斯方面，大會很少開過會，它的進行程序係最著重形式的。在所有城市中，人民不能有討論權，這一事實說明了城市實際的政治是操在各行政部門或操在一個小型的行政會議的手中。為防止行政的四分五裂，又任命一個特級的執政（Podesta）與少數人組成的貴族會議，即大會議，共同指導國家的行政。

十三與十四世紀中，佛勞倫斯的憲法經過不斷的修改。在這個期間，它的名義上還是民主的，因為公民還照常參加大會，並享有若干選舉執政的權力。但公民的權利祇限於已經在各種商業公會（trade guilds）登記過的人。一二八二年的憲法將權力交予六個較大的基爾特（guild）的首長，但是這些首長的任期祇限兩個月，這一個很短的任期限制了商業上寡頭政治的趨勢。一三二四至一三二八年間，憲法又經修正，政治上代表制的基礎稍稍放大，同時又引用抽籤法以決定被選出的人員任職的次序。特級執政與其他執政到任期終滿以後，對於他們的過去的施政還要嚴格的負責。不過民主的因素在此已是形式重於實際。民眾大會之批准建議已是偶然的與非正常的策略。人民大會的人員除經執政的特許外，沒有言論的自由，祇有執政們才握有動議的權力。統治的特權階級事實上構成少數市民的團體。在其他義大利城市中，大會議在名義上為國家立法，並與執政們分享控制政策的權力。

城市民主的衰頹其原因不一。義大利也像古代希臘，強烈的地方情緒引起了城市間的仇恨。保護食糧供應的必要迫使城市企圖征服四周的領土。這種征服的企圖使城與城間及城與那些想要統一領土的較大單位發生衝突。公民軍隊的沒落更進一步促成城市民主政體的崩潰。到了十五世紀，許多城市的權力已為暴君所劫奪。

君主政體不願境內有同樣的獨立勢力的建立，因此在法國與佛蘭得爾（Flanders）公社的發展受到阻礙。這兩個地方的政治機構與義大利甚相似，但這裡所謂人民會議很少包括著全體的公民。另一方面，城市執政的團體中各類職工會或特種的基爾特的勢力在許多方面都在減退中。十二世紀的馬賽公社（Marseilles）可以認為是中古法國最民主的市政府。在馬賽，全體市民都有同等任公職的機會，大會議係包括從各種職工會中選出的代表，而民眾大會則不時開會通過重大的決議。在北部民眾大會開會的次數較少，市政府大部分係操在商業公團職員的手中。法國北部與佛蘭得爾的市民由於為增進貿易所從事的聯合才學會了以合作的方法爭取自治。

領有執照的法國城市與義大利的公社不同的地方，係法國城市大部分願意承認國王的最高的權力。甚至已十足夠公社資格的仍然是自由市而不是自主的城市國家。法國也沒有像義大利的城市的發展中那種顯明的黨派的鬥爭。十二世紀中市民聯合起來擺脫了封建首長的奴役。市民用經商獲得的財富換取權利，並逐漸獲得自主，其野心較大的城市所爭取的目標乃是能做國王的佃戶長（tenants in chief），也就是封建的首領。不過，這種運動注定了不再促進民主政治的原則。到了十三世紀，較有錢與有勢的市民在統治的市議會中都成了主要的分子。結果君主集權的發展將城市的自治限於一個狹隘的範疇內。但是各國的公社運動，其趨勢在促進社會的民主。這個運動縮小了奴役的領域，開闢了中古人自主的境界。雖然政治的自治減少，在商業方面與最後在社會生活方面聯合的經驗終於發生了效果。

日耳曼（Germany）方面自治的城市的發展連同市議會所受的束縛較法國為少，因為在這裡王權比較弱。但是排斥外面的控制所產生的結果並不常是採取民主政體。

瑞士民主發展的特徵為城市的民主趕不上鄉區。在鄉區中政治問題是很簡單的。社團是自治自足的，社會上鮮有不平等的情形。農村居民所注意的為農業與草原的管理及森林的行政。在這種情況下，行使直接的民主所生的弊端遠較在稍大的偏重商業的社團中所生的流弊為小。在鄉村的州中，最高的權威是操在民眾大會（landsgemeinde）的手中，這個大會包括著所有十四歲以上的公民。這個團體開全體大會時所具的權力包括選舉執政人員、批准或否決提交的法案，並決定戰爭、和平與外交政策。雖然，在時間的過程中，有許多甚至包括鄉村的州郡逐漸發展代議制的議會時，國家的重大的事件還是要在民眾大會中解決。祇有在較大的州郡或在城市中直接的民主才受到修改，或被代議制或貴族制的政體所代替。

瑞士的獨立始於一二九一年烏里（Uri）、施維茲（Schwyz）與恩特瓦登（Unterwalden）三州的人民為抵抗哈普斯堡（Habsburg）王室的專橫而成立的契約。逐漸地其他州郡與城市也與這個自治的瑞士國家的核心聯合起來，到了十四世紀，諸州的同盟已經第一次以瑞士聯邦的方式出現。但這絕不是一個有組織的政治社團的建立。中古時代這類的聯邦祇是當時自主的諸州用以證實其獨立的機構，在形式上，那祇是某幾個州之間的一種同盟，這些州同意成立一個代表團體討論共同的利害問題。這幾個代表會議無權強迫一個不服從的州，重大事件通常還要交到各州的當局決定。聯邦內部的利益也不是平等的。八個舊的州具有無限的締結條約的權力，而五個新加入的州，非經諸州中大部分的同意，不得締結新的同盟。

烏里、施維茲、恩特瓦登、格拉路斯（Glarus）、楚西（Zug）與阿邦澤羅（Appenzell）諸州均通行直接民主。在這幾個州中，民眾大會在重要的方面與雅典的民眾大會有別。它們很難視為最高的統治的大會，經常負責處理政策與行政的細則。雖然特別會議並不常開，而正式例會卻是每年一次。加之，瑞士的人民大會與雅典大會不同，它在開會時祇有一個執政主席，這個執政叫作 landamann。但是，終中古之世，民眾大會都是鄉村各州最高的權威。到了十四世紀，一個小型的行政會議的需要結果在大多數的州中都產生了一個同樣的組織，但是在城圈以外，這種新會議祇能行使次要的權力。

舊日鄉村各州的民主證明與附屬社團的自治權的承認是相符合的。它們統治下的領土獲得相當限度的民主的自治政府。雅典的民主失敗的地方，中古的瑞士民主卻成功了，這也許得歸功瑞士人民的保守性格，與瑞士政治情況的簡單。

瑞士的城市中，政務操在會議的手中。所有較大的各州中的趨勢是要民眾大會會議的次數逐漸減少。甚至有的地方的憲法中承認民眾大會為最後的裁決者，其請求人民決定仍是採取現代的複決的形式，而不是召集政府的正式民意機關開會。關於某種議案的同意或否決權係替握有最高權力的人民保留著，但是主要的統治的權威不再是民眾大會而是一種或多種會議。甚至在舊的各州中，人口增加的結果也不能不訴之於代表的機構。有的城市中已經在一個很早的時期建立了貴族政治，任官職的機會亦常限於主要城市的市民。不過就大部分言，取得公民權並非難事，政府在很大的限度內，須受民眾的控制。

一種聯邦與民主國家的理想，在中古時代是在縮小中，但在小的地方的社團中，聯邦主義與民主的原則的應用，仍可以看得出來。因此，瑞士聯邦的一個同盟——格里遜聯盟（League of the Grisons）便是以民主為基礎在十五世紀中建立起來的。自治的村莊在全體男子居民大會中處理公務，並具有分立的司法權與法律，這種村落就是地方的單位。聯盟乃是各區（district）的聯合，其下分成若干公社，並有一個簡單的代表制，透過自治的村落，經過公社與區，到達聯盟的會議。

為結束我們關於中古民主的檢討，我們必須注意走向現代民主憲政的本質與範圍。瑞士諸州直接民主的出現與存在必須認為是從常態中發展出來的，其原因是由於情形簡單與人口稀少。在政治的領域中，中古主要的遺產很顯然地是代議制原則的演變與其應用，先用之於地方的，次用之於國家的制度中，其所採用的方法在使商人與甚至普通的民眾能在國家的政府中攜手合作。中古的末年，憲法上許多對於君權的限制業已存在。王權的限制始於封建貴族的反抗。但是日子久了，這種憲法的限制逐漸在永久的政治機構中表現出來。英國的國會、歐洲大陸的國會，與教會的代表會議都是表現國王須尊重民眾代表所表示出來的民意。不過在中古時代還很少有政治責任的意義。遲至十五世紀，對於國王發動有效的抵制，還不是透過國會，而是透過貴族的反抗與叛變。除非在王權衰弱的時候，國會的反抗不足以束縛國王，貴族的分裂也不足以建立代替君主的貴族政治。甚至在英國，她有數百年地方自治的經驗，也很難說有任何一種自覺的努力，根據國會的原則建立自治的政府。中古憲政實驗的重要是在人們透過中古的代表會議，學會如何將地方的與階級的成見置於廣大的國家利益之下。

第五章

中古的民主思想

中古時代受著一種大同的基督教社會概念的支配。大同的觀念一部分是出於中古教會的實踐與政策。中古教會要為中古的人闡揚它本身的和平與正義的原則；那也是羅馬一部分的遺傳，因為地中海世界的諸民族係在羅馬的統治下才感覺到他們的共同的利益。因此，西歐基督教的各民族在一個帝國中聯合起來，受一種單一的指導，在一般人眼光中看來，乃是自然的也是受命於天的。

中古的政治思想深受到傳襲下來的羅馬法觀念的影響。中古的大同的政權的思想便是自羅馬因襲而來的。民主政治的實質隨著羅馬帝國的建立而消逝，政治的權力遂亦不復再受任何獨立的人民的權利所牽制。但是民主的傳統仍繼續存在，這可於法律學者所持的主權在民的理論中看得出來。直到文藝復與時代，一切合法的權力均來自人民的理論仍隱含在政治學說中。這種事實說明了表面上的矛盾，即使是：雖然中古的皇帝立於一種特殊的地位，為基督教世界理想的團結的象徵，他的威權在事實上還是嚴密地受到習慣與傳統的限制。從理論講，皇帝行使立法權係由於羅馬人民的許可。所以說也奇怪，中古時代的人並不像一般人所想像的那樣傾心於專制的君主政體。

近代民主理論的概念頗受著這種代議制權力概念的影響。根據這種概念，國王大體上是被承認為社團的代理人。中古的政治思想中，權力係出自被治者的同意。加冕禮與授職禮均提醒我們注意政治民主的基礎以及君主尊重國家的法律與習慣的責任。教會與國家最高的職位均由選舉填補。甚至有人主張人民還可以收回他們已經放棄的權力，因為君主的建立不過是執行受命於人民的行政的責任。

中古的初期羅馬的法律學者的理論也普遍地受到指摘。在這一個期間，權力的衰弱，鼓勵著紊亂與解體的力量。蠻族侵入羅馬以後隨著造成普遍的紊亂。此時很明顯地祇有透過團結與服從西方的基督教世界才可以恢復若干限度的文明的生活。甚至在基督教教士的團體中也有紊亂的趨勢，此項趨勢祇有賴受命於天的權力才可以鎮壓下去。初期教會的神父們，特別是聖奧古斯汀（St. Augustine）與聖格里戈利（St. Gregory）終於宣布了對世俗的與宗教權威絕對服從的原則。聖奧古斯汀認為甚至國家的世俗的權力也是受命於天的。世俗政府的神聖性格的起源因此就與一切權力出自人民的概念背道而馳。

另一方面，中古自早期部落社會的組織中得到權力受限制的君主的觀念。這種社會主要的特徵乃是主從的私人的關係。這種個人的關係使政府成為一種私人的法律與契約的關係，條頓的王權因此種思想的繼續而受到修改。加之，日耳曼的法律係部落的與傳統的。它是發源於整個部落，要加添或修改均須得到集合的部落的人民的同意。政府應尊重民意的原則深藏在條頓族國家的理論中。

直到中古史較後的階段，一個能執行習慣律制度的中心的權力才在西歐建立起來。時間逐漸過去，紊亂與私鬥的盛行促成王權的高漲，這是維持團結與秩序的唯一的方法。幾無停止的戰爭造成社會的解體，這使人們歡迎王權的發展。良好的政府在其他民主政治制度下並非不可能的。徒以封建期中的紊亂才使君主思想得勢。在中古的初期，國王大體上是一個封建的宗主，其所行使的權力係建築在主從間若干私人的協議上。到了十一世紀末年，他卻很順利地自居為第一個與最重要的政治的首長。由於中古的君主的權力係從羅馬因襲而來，國王才開始以一個公共執政者自居，與他的所有的臣民發生直接的關係。日子久了，這就演變成為以在國王的法庭中行使的廣大基礎的國家法律代替在地方行使的個人的與私訂的法律。

同樣的，我們發現教會也祇能在成為一種類似王國的組織後才能執行它的正當的責任。十一世紀中教皇格里戈利七世在位時，中古教廷的全部理想幾乎是實現了。這時候的教廷幾乎具有等於一個王朝所具的權力。為反對集權教會的僭越，但丁（Dante）才宣布世俗國家的權力係受之於天，希望神聖羅馬帝國能賦予一種最高的法律以有效的力量，使其能制止民族的交惡與教會的越權。

十一世紀的下半期，教廷在格里戈利七世與其繼任者的統治下與世俗帝國發生衝突。這裡教廷與帝國間的鬥爭乃是中古史的中心問題，其結果造成日耳曼與義大利方面國王地位重大的削弱。在西歐的王國中，趨勢是傾向君主，因為人們逐漸承認內部團結的重要，這種認識引起了一種有力的情緒反對王權的分化與限制。但在教廷與帝國的衝突的期間，教會竟提出要求，限制世俗國家的權力祇能管理世俗的事務。教廷眼光中的大同社會須受教廷權力的絕對的管制，這一種概念所牽涉的理論乃是如果一個國王疏忽了他的責任，他可以被廢棄。教廷的唯我獨尊的野心引起一種治人者與被治者之間的社會契約論。教廷自認為是受天命支配的權威，在它替世俗的國王舉行加冕禮或授職禮時，國王係立於收受者的地位。失政便是破壞原始的政治的契約，因此，到了十一世紀，教廷就申述有裁判國王的權力。教廷可以開除國王的教籍，這是一種有力的處罰，因為被開除了教籍的國王，人民對他便不再有服從的責任。因此，在亨利四世大帝被開除教籍後，隨著日耳曼的主要執政人員就撤銷對於皇帝的效忠（一〇七七），不過當時還有一種原則的申明，即人民的社團仍然具有檢討執政者的行為最後的權利。這就是說民權仍在教權與王權之上。

教會經過一番激烈的鬥爭後才降服了國家的王權。教廷要求世俗國王須服從它，這個要求基於教皇乃是神聖法律最高的代表人。國王統治的責任是在增進人民的精神福利。如果他們失職，教皇有管束他們的權力。教皇力稱在基督教領域中他是最高的主宰，這種說法缺乏主權在民的基礎。但是政教爭執的結果乃是民主理論的重大的進展。教皇因為要對世俗的國王執行有效的控制，故祇把執行教廷的裁判的權力交予封建的或宗教的貴族。這是等於承認這些人有代表整個社團採取行動的權利。這種意義係包含在勞頓巴哈的蒙尼戈德（Manegold of Lantenbach）的著作中。在格里戈利七世與亨利四世鬥爭的緊張期間，他是中古發揮民權論的初期著作家之一。依照蒙尼戈德的意見，一個合法的統治者乃是承認世俗權力有賴於教會的同意。他的行動衹要是遵守神聖的法律，他便是履行原始接受權力時所締的契約。另一方面，缺乏公平的統治就可解除人民效忠的責任，執政者亦有被廢棄的理由。這種理論原是為支持教皇的權力，事實上卻是民主政治的觀念重大的表現。

近代的民主理論也是部分的出於封建思想，在封建制度中主僕的關係是契約性的。一種很自然的看法就是政府也是發源於統治者與人民間一種契約。這個不可免地要限制到政府權力的範圍。封建契約的破壞，就佃戶說，牽涉租地權的取消；就主人說，使佃戶有撤銷效忠的理由。在政治領域中封建思想的提出，由於承認人民有反抗權，就尖銳地說明並限定了國王的權力。在中古時代，這是對自由與秩序不利的，因為衹有在一個有力的集權君主制度下，自由與秩序才獲得保障。但是限制君主專制的力量，長久下去，也提高了民權。英國的《大憲章》，因為它的作用是在維持階級的利益，雖然是反動的，卻使國王須受法律管制的原則發生力量，因此而促進了憲治政體。根據憲章建立的強迫國王遵守憲章的機構發展的趨勢，可以看出將來終有一日全國的偉人本身要起來根據憲政的原則統治國家。

在封建制度本身開始消逝以後，有限責任的封建的觀念仍繼續對於政治的實施發生一種影響。十三世紀中我們可以追溯一種運動的起源，那便是以普遍適用的國王的法律代替較舊的習慣律。到了中古的後期，立法逐漸成為政府的一種重要職掌。立法須經人民的同意，這是中古所著重的，這裡可以追溯封建觀念的殘餘。關於一種財政的籌募或建立一種新的司法原則，封建的統治者須有賴於他的從屬的合作。此時人們主張為全社團制定法律須得社團分子的同意。這種思想可以在國會的建立中看出，這種國會便是被認為全社團的代表。

中古的政治思想因此在君主政體中承認了一種民主的基礎。聖亞魁那斯（St. Thomas Aquinas）主張統治者應由人民選舉，對人民負責。人民有權拒絕一個不配擁戴的國王，乃是中古政治思想一個重要的原則。在中古的後期，統治者與人民間契約的概念得到更多的人們的承認。同時，有一種觀念認為一切法律與習慣若與自然律相衝突都是無效的，這一種觀念牽制了最高權力的理論的發展。直到十六世紀法律才被認為是統治者的命令。中古自然的、一般的與永久的規律乃是社會至上的原則，這種概念不承認絕對的王權，也排斥最高的民權。

中古最貴族的政府乃是格里戈利七世的教廷。教皇對於教職與地方的教會的組織所具的最高權力都被認為是絕對的。在立法方面，教皇認為對於全部教會有直接的與不受控制的權力。他有權可以停止法律的行使、廢除地方的條例，或擺脫過去的立法。但是還有一種要記著的觀念，那便是教會全體尚保持著最後控制的權力。就理論說，當時承認教皇有犯錯誤的可能。他如犯異端的錯誤，可以經由一個教會的代表會議將他罷黜。加之，教會的職位是選舉的，這是說明全體基督教社團具有最後的權力。

十四世紀與十五世紀初，教廷的不幸事件迭生，始則教皇遷都亞威農（Avignon）（一三〇九—一三七七），繼則發生大分裂（Great Schism）（一三七八—一四一七），這些不幸的事件，促使一種概念得勢，那便是教皇的權力由於須對西方教會某種代表機構負責而受到限制。以權力為一種信託與以至高的權力為出於人民的見解，此時要在教會範圍內實現了，這就是要限制中古教廷的專制。大分裂的期間，有兩個或兩個以上的教皇都要求基督教的西歐對他們效忠。要結束這一糾紛，就須承認在教會的組織中，有一種權力足以裁判或甚至罷黜一個教皇。

一四一七年康斯坦斯教會的代表會議（Council of Constance）恢復了教會的團結，但該會提出的更廣泛的要求，要行使超出教皇的權力，卻未能如願。該會議提出一種動議要求它的議決案應無條件地對於教會有拘束力，這等於宣告最高的權力不在教皇而在代表會議。支持該會議的人士力陳教皇的權力，與其他任何權力一樣，須受社團的限制與矯正，並且關於一切分裂的問題，必須承認代表會議處理的權力係凌駕教皇之上。

這些見解如獲接受，就須產生一種教徒控制教會的混合的憲法。否決這些見解乃是教廷外交上的成功，因為當時教廷利用西歐政治的分裂。但是會議運動的原則在其後若干場合中又可以引用。這個代表會議的組織誠然不是民主的。不過主權在民的觀念很明顯地包含在會議運動人士所陳述的理由中，另一方面，會議中的辯論又使混合政府的建議抬頭。

民權的理論在巴達的馬西流斯（Marsilius of Padua, 1275-1342）與古撒的尼古拉（Nicholas of Cusa, 1401-1464）的著作中陳述得更清楚。馬西流斯認為人民仍然是至高的立法的權威，而世俗或教會的首長不過是人民執行的代表人。就教會說，馬西流斯認為一切信仰的人士最後的權力祇能在代表會議中表現出來，但是他比其他人士更進一步，力陳代表應以民眾與選舉為基礎。在這種代表會議中，教皇正當的地位不過是一個主席。

馬西流斯的教會與國家的見解是很顯然的民主的。他相信最高權力的行使很自然的與很恰當的必須屬於人民全體。祇有他們能以有效的權力賦予統治者。就教會的範圍內講，這裡包括著一種建議，即世俗的人民亦應當算作基督教社團的積極分子。他的著作《和平的保護者》（*Defensor Pacis*）最有力的部分是專攻擊教皇與教士的越權。馬西流斯確是堅持以世俗的人士控制教會，並不積極企圖以代表會議代替教皇政府。因此，他的學說著眼在建立現代集權的國家，由人民監督國家生活的每一部門。

十五世紀的思想的趨勢是很清楚地著眼在限制王權。吉遜（Gerson）與尼古拉很願減少教皇的職掌，使他僅成為一個社團的行政人員。二人均同意教會權力的範圍要看人民肯給它多少權力。不過，甚至馬西流斯也很少關心一種民主政體的主張。他確實主張選舉人民的代表處理立法事務，並在行政部門選出一個行政首長。但是他仿效亞里士多德，很謹慎地補充指出，沒有一種政體在任何情況中都一定是最好的政體。也許馬西流斯最重要的思想乃是他的法律的概念，他認為法律為社團意旨的表現。服從法律乃是因為它表現一種公共的需要。執行政務的政府祇有在它照顧到一般的利益與依照群意施政時，才是受人尊重的政府。這些概念與後來盧梭（Rousseau）所發揮的多少相似。

英國方面，基本的民主原則也經人發揮。衛克里夫（John Wycliffe）宣傳支持民眾反抗昏君的思想。衛克里夫雖然指陳要避免紊亂與分化必須有強有力的王權，他卻認為國王必須尊重法律。十五世紀中福特斯克爵士（Sir John Fortescue）即曾表示贊成一個憲政的君主，而且毫不猶豫地宣布主權在民。

在代議制政府的原則廣泛地展開時，上面這些思想已見諸行動。日耳曼方面十四世紀的帝國憲法建立一個選舉的團體作為對王權的一種牽制，這個團體多少是被認為全日耳曼的代表機構。在西歐的王國中，階級的代表會議已經正式組成，而且採取了會議的程序，特別是根據羅馬法採取大多數通過的原則。英國的國會在十四世紀初期已經開始要求在立法與徵稅方面具有最高的權力。

當時一般人都承認政府的權力係建築在法律的上面，而且受法律的管制，但是這種原則實行起來並非易事。法律常是在國王的上面，憲政係要求國王尊重法律。國王與社團的領袖會商，執行權力，這一點在中古已做到了，但是直到印刷機發明、文藝復興運動全面展開，與一般的知識進步時，人民方面才想到要積極參政。民智的開展隨著就是深遠的政治與宗教的變遷。這些變遷無限期地稽遲了民主政體的實行，促成了專制國家的出現。

第六章

宗教革命與民主的發展

近代的民主運動也許要追溯到宗教革命時期政治與宗教的衝突。現在我們要研究的就是十六世紀的宗教大改革對於政治的理論與實際究有何種影響。這裡我們會看出，日子久了，宗教的改革有助於政治的民主。憲政的自由原亦是出於宗教的自由。但在選舉制度未普遍發展以前，政治上必不免有一個集權的時期。十六世紀中，各國的內部紛爭迭起，半封建的貴族的野心——自私的與違反國家利益的——

實為造成這些紛爭的根源。同時還有許多地方外國的侵凌也是內部統一的阻礙。這個世紀中因此是充滿著君主的氣氛，而且在最需要團結的國家中，君主的理由更獲得專制主義的支持。君主被認為是一種受命於天的制度，至於憲政的會議以及其他牽制王權的制度是否應當建立，當時認為是要看國王的意思如何。

在文藝復興與新君主政體期間，人們很容易承認國家的安全有賴於專制的權力。愛國的人士回想到封建時代的紊亂，自然希望有一種有力的政府。當時承認中古末期限制君權的結果徒使社會中搗亂的分子占了便宜。甚至國會的集會都逐漸與貴族的野心勾接起來，或與軟弱的及無目的的反對王權的人士上下其手。暴動與紊亂的可怕逼使人們託庇在一個強有力的集權的君主政體的下面，並主張每一個國家必須有一種採取最後的決議或甚至修正法律的權力。十六世紀中，羅馬法的研究再度盛行，因為它是支持絕對權力的。羅馬法經過名法律學者波丁（Jean Bodin）的發揮，產生了近代的主權論。建立一統的政權以代替四分五裂的局勢與樹立一種強有力的國家法律的體系是當時極端需要的事，此項需要支持了波丁的理由，謂祇有國王才有力量恢復社會的和平與抑制剛萌芽的紊亂。主權論係將國王置於法律的上面，再益以神學的概念，這個理論就使人視國王祇對上帝負責。

主權論與君主專制主義並無必要的關係。主權也許同樣的寄託在大多數人民的手中，不過，波丁力陳若果如此，各個人民便無秩序的保障與公民自由的享受。波丁對於民主的批評，基於一種假定，認為人民的多數難免是一種不穩定的因素；在這種因素的支配下，一貫的政策是不可能獲致的。他稱民主係賴著一種人類平等的理論支持，而人類則是自然地不平等的。波丁因重視國家團結的重要性，故反對民主政體。他認為君主政體為社團中唯一的力量，可以產生一種有秩序的政治以代替流行的紊亂與衝突。

在這個運動的初期，西歐宗教革命的爆發使原有的促成君主專制的力量的行動益為激烈。它破壞了教皇的國際的權威，並促成地方的統治者在宗教的事務上建立了控制權。世俗政府神聖的思想給予國王以有力的精神的支持，並使他甚至在過去屬於教廷管轄的範圍中，堅持人民對他要無限的服從。建立國內的集權最後的障礙也因此消逝了。一言以蔽之，宗教革命加強了受命於天的專制主義。

君主的思想所得的支持大部分是路德（Luther）與加爾文（Calvin）宗教學說的結果。路德確是很深刻地關懷宗教問題，不願在政治方面發生任何直接的與迫切的興趣。但是他與教廷的爭執使他主張提高世俗君主的權威。他對於秩序與安全的關切超過他對於政治與自由的重視。他迅速地獲得世俗執政者的同情。他所計劃的革新祇有他們才可以實行。他也不相信人的天賦的平等。他的思想是保守的，他認為社會的和平和團結與世俗的君主政體有不可分割的關係。

加爾文雖不及路德的保守，也是同樣地要支持政府的權力。雖然革新的教會的組織中允許民主原則的滲入，加爾文卻很謹慎地要限制民主的力量。因此，教友的集合選舉一位教士的重要性卻為另一種規定所減少了，那便是在集會時須由一位牧師主持。加爾文主義包括著聖徒（Saints）當權的意義，所以不會是真正民主的。但是我們會看出，日子久了，加爾文的學說會增進民權的概念，不過在新教的國家中，加爾文主義在許多年間沒有破壞，反而支持了君主的權威。

不過，宗教革命在教會與國家兩方面都為民主運動舖了一條道路。日耳曼新教主義正當的立場，在個別信仰者透過信仰與上帝發生直接關係的原則中獲得支持。以自由的研究與私人的判斷來代替教會的權威，祇能在各種思想與行動中增進個人主義。推翻權威，自然要承認社團在信仰上具有最高的權力。加之，宗教革新者受一種強烈慾望的衝動，要恢復原始基督教會的組織與安排，那種原始的組織在精神方面是民主的。研究經典與教會神父的著作就可以瞭解一種精神的民主的基礎。

因此，就一種意義講，宗教自由乃是政治自由的鼻祖。路德將人民自權威的宗教中解放出來，加爾文卻建立了一種教會政府的代表制，這至少傳播了自治政府的體制。加爾文逐漸地具體地反對教會與國家的專制主義。加爾文派的宗教的熱忱，在十六與十七世紀的偉大鬥爭中，證明為一種重要的因素，從這種鬥爭中人們最後終於獲得了很重要限度的公民自由。

還有一種最重要的事實，乃是新的革命在西歐許多國家中產生了一種情況，使很大數目的少數人在信仰方面與國王不同。這些獨樹一幟的少數人民，在宗教信仰方面的表示，不應受國家當局的迫害，這種理論激起了反對中央集權與政府的控制。一個臣民對於他的君主是否應當服從這整個問題又在一種新的懷疑與迫害的空氣中產生出來。發表主權在民的理論與政府的起源學說的人們係設法維持他們的信仰以反抗國王的定於一的企圖。訴諸信仰為抵制王權的要求的唯一動機。

近代民主運動的思想，因此一部分是起源於宗教革命。在已接受新教信仰的國家中，羅馬教的著作家對於世俗政府的萬能提出有力的抗議。耶穌教會的教友瑪利亞那（Jesuit Mariana）宣稱社團應保留變更政體的權力，因為它沒有永遠放棄主權。罷免國王的權利係存在於人民的基本主權中。

蘇勒（Francisco Suárez, 1548-1617）極欲表示羅馬教的人民對於新教的國王沒有無限制的服從的義務，所以他力倡社團的天賦權利說。蘇勒回到中古的理論，謂執政者的權力來自主權的人民的許可，所以他宣稱這種代行的權力，祇有在一種條件下才可以保持的，那便是執政者必須尊重人民的基本權利。國王蓄意忽略他的責任，授權的人民的代表就可以有理由罷免他。另一位耶穌教會的人士萊勒（Lainez）在較早的時期，也發表過相同的意見。

新教在英格蘭、蘇格蘭與尼特蘭（Netherland，即荷蘭）建立基礎後，早在十六世紀初年，支持民權論的天主教人士更大聲疾呼地呼籲民權。亞羅蘇西亞斯（Johannes Althusius）於其所著《政治》（*Politics*）一書中（一六〇三）宣布民意政府（Government by Consent）的福音，利用一種執政者與人民間一種契約的傳說，為的是要說明政府的權力是有限制的。亞羅蘇西亞斯認為人民不僅是一切政治力量的泉源。他們仍繼續具有一種不可剝奪的最高權力。他們委託國王的權力不是不可以取消的，他們委託出去的權力任何時都可以收回。

為了新教的利益，主權在民的理論也同時宣布出來。在支持新教的政府所在地，他們可以拿出當時流行的國王無限制的權力的思想有效地答覆羅馬教著作家的民權理論。另一方面，仍保持羅馬教的國家，對於新教人民的迫害，又給予反抗論一種新的鼓勵。最有名的維護新教的創作《契約論》（*Vindiciae Contra Tyrannos*）是在法國出版的。一個長序列的宗教戰爭在一五六二年爆發，此一戰爭注定要消耗法國民族的精力，並使法國內部的團結稽遲了一代以上的時間始獲實現。十六世紀中，所有西歐各地，人們對於宗教問題都具有很深的成見，使容忍的原則的承認成為不可能，大多數政府都以迫害手段企圖達成信仰的統一。法國政府在有一個期間在麥底西的迦特雲（Catherine de Medici）的統治之下極力採取一種妥協的政策，但政府的干涉與甚至個人的利益與野心終究摧毀了該項妥協政策。如是一五七二年法國歷史上發生一件驚人的屠殺法國新教徒的慘案，這是在聖巴爾托羅穆日（St. Bartholomew's Day）發生的。這一慘案是宮廷主動的與授意的，因此，法國各級的新教徒反對王權的情緒益為激昂。他們在南部已經建立了一種代表制與近似聯邦制的政府以抵抗王權。蘭格（Languet）與莫墨（Duplessis Momay）合著的 *Vindiciae Contra Tyrannos* 與霍狄曼（Francis Hotman）所著的 *Franco Gallia* 兩書在理論上又供給了此種反抗的基礎。

上面這兩種著作第一種係說明現存的秩序有賴於協議。社會的真實的基礎據說是上帝與人民間一種契約。這裡告訴我們上帝已與一個民族締約以維持繁榮，那就是說祇要人民服從他的意旨就可以享受繁榮。政府是基於第二個協定；在這第二個協定中的締約者為國王與人民。效忠是以政治的開明為條件。一個執政的人要想違反上帝的意旨便有被反抗的理由。國王確實不過是一個管理人或行政人員，因為如此，他是明顯地要受法律的控制。

社會契約說是很巧妙的與清楚的發揮出來。它承認為建立一個政治的社團，個人必須自動地放棄一部分天賦的自由。但我們沒有理由假定為了保證和平與安全，放棄一部分自由便是無條件的，或者說便是超過必要的限度。主權仍然是寄託在一般人民身上。對於一個高壓的執政者反抗的權利係屬於社團的領袖，這裡假定領袖就是官吏或代表的階級。這本書中提供了一種政治哲學，日子久了，它有益於民主政治，但從概念與理論看來，它卻是貴族性的而不是民主的。它的主要的用意在保障法國少數人民的生存與自由，在十六世紀中，這種目標，不能在任何民主政體下達成的。

Vindiciae Contra Tyrannos 是十六世紀中為維護憲政的自由而作的最著名的著作。該書以抽象的權利為限制政府的權力之根據，它並以動聽的文字宣布人的不可

剝奪的自由。

該書的作者係訴之於哲學及倫理，霍狄曼在其所著的 *Franco Gallia* 一書中則訴之於歷史。他設法指出中古的法國政府乃是一種憲政的君主，在這種體制中與國民的權力相抗衡的還有其他被認為具有獨立權力的民族團體。霍狄曼並非一個民主人士，但他卻維護國會的立法權與徵稅權。他沒有看出在結構與歷史的傳統方面法國的國會與英國的巴力門該相距多遠。

加爾文在日內瓦（Geneva）建立的教會已經保持著不少貴族的因素。他的門徒在他處建立的教會在行政方面卻較為民主。時間一天一天的過去，加爾文派對於國家控制人民的信仰這個原則的反對愈趨激烈，除非獲得教會的許可。他們並否認執政人員在教會範圍內有行使權力的權利。傳教士之由教友集會選舉已成了一種事實。當時主張關於教會的事務，最高的權力是操在教友的社團手中。這種觀念在其後所謂蘇格蘭的長老會（Presbyterian）中是強有力的觀念。但是教會的民主理論的全部涵義祇是在再度洗禮會（Anabaptists）與公理會（Congregationalist）各革新的宗派中表現出來。教會中的平等原則在再度洗禮會中大部分實現了。英國的與北美的獨立會（Independent）均在教會範疇內行使一種社會契約說。他們的會友因急欲成立一種新的教會，故鄭重地相互約定要度一種聖潔的生活。獨立會的教友的集合首先在實際方面實現了它的教友彼此同意建立的一種社會的概念。因此公理會乃是新教的人士根據民主的原則自動聯合起來的一種組織。這種安排大部分由於布朗（Robert Brown）堅持的結果，他認為每一個自治的結合都應當是獨立的，而且世俗的事務應當與宗教事務完全分開。關於世俗的權力，他的門徒都奉命服從國家，但是一切關於信仰與教會的統治問題，布朗鄭重地宣稱教友團體握有最高的權力，這種說法就使國王無干涉餘地，貴族也無控制的可能。英國方面一度要成立一種共和政體，在世俗的領域內也要推行主權在民的理論。清教徒教會的思想與實際亦提出了公民自由的原則。因此我們可以說近代政治民主的感召乃是出於教友獨立的集會中民主實施的成功經驗。

英國的清教徒攻擊主教制的教會，這指出了教會也要走向民主之路。這種理想終由英國遠征的神父（Pilgrim Fathers，指一六二〇年乘荷船赴新大陸避英國國教迫害之一百二十位新教徒）與他們在北美的繼承人實現了。十七世紀初期美洲土地上建立的移民的社團給予人們以表現天才的出路與政治實驗的機會。自起始他們就充滿著平等的精神，同時，美洲又無政治上的束縛，更加強了他們自立的精神。這些情況很能說明他們擺脫英國的思想與發展他們自己的政治與宗教的制度的趨勢。

一個社團的社會與政府都應當基於民主，這種概念首先在新英倫（New England）具體地實現了。遠征的神父們已經在他們中間締結一種協定，在北美建立一種基督教的共和體制。新卜萊茅茨（New Plymouth）移民的初期，移民堅持實行民主。立法權屬於一個包括全體成年男子移民的民眾大會。次要的行政權力委託予一個由民眾選舉的州行政官與一個州行政會議。同樣的康涅狄格州（Connecticut）制定了一種基本約法（Fundamental Orders），這一個文件後來稱之為近代第一個憲法。它規定要選出一個州移民大會為該州人民最高的權力機構，並設置一個每年選舉一次的行政首長。

人口的增加與居民分散於一個廣大的區域中不久就迫使以代議制代替直接的民主。在卜萊茅茨州各市鎮的代表會議代替了民眾大會，不過在市鎮的行政方面仍保留著直接的民主。麻薩諸塞（Massachusetts）殖民地也設立了一個以代議制為基礎的州議會，就自由人講，這個會議是由成年男子選出的，但是這裡一種教會的貴族妨礙了民主。移民大部分不許有選舉權，其理由為他們不是主要教會的教友。加之，州議會在它的第一次會議中就將立法權交予行政長官與一個行政會議。雖然後來州議會將立法權收回，這個社團的最高的權力，既不是直接的，也不是在一切方面都是有效的。清教徒在北美的殖民地最民主的當然是羅德島州（Rhode Island）。這個殖民地係洛芝．威廉斯（Roger Williams）建立的，他是一個集團的領袖，與麻薩諸塞主張神權政治那群人沒有關係。自起始他們就維持宗教自由與政治平等，立法權則屬於由全體自由居民組成的大會。一六六三年這個大會變成代議制的會議，但是在立法方面，民眾的創制權在相當限度內還是獲有保障，因為當時實際在市鎮的民眾會議中要提出初步的法律的討論。這個殖民地宣布了絕對的信仰自由，奴隸在該殖民地範圍內則完全禁絕。這些原則的維持不無若干困難，站在行政首長的地位，威廉斯的決議與他早期的宣言常有矛盾。不過，這個小殖民地卻產生了一個動聽的人權宣言（Declaration of the Rights of Man），同時它在一六四七年頒布的基本條款（Fundamental Articles）又規定政府必須遵照「全體或大部分自由居民的自由的與自動的意旨」，這是民主的大抬頭。

在北美的南部，代議的機構也立下了基礎，在那一帶移民大部分是屬於英國的國教或羅馬教。美洲的土地上第一個代表會議開會的是在維基尼亞（Virginia），這是在一六一九年。

新大陸中民主的趨勢是很顯然的。移民在新環境中構成他們的天賦人權論，不受原有的法律與習慣的束縛。他們在所有殖民地中政治的安排逐漸都離不開一種原則，那便是每一個公民在社團的政府中都有發言權。十八世紀時，甚至在英國，政府還是缺乏代表性的與貴族性的，北美殖民地中實際上已有了代議制政府。在新英倫方面市鎮集會時直接民主依然存在，另一方面，在歐洲雖然宗教革命已經引起民主情緒的增長，但促成君主集權的力量卻是太強了。宗教革新的人士發動第一次對政府專制的反叛，但那次的反叛並未能促使政府的機構民主化。祇有在英國，宗教的爭執終於在民主的基礎上促成一種憲法的建立。

第七章

專制時代民主的表現

近代的民主原則必須是反對階級利益的，這種利益部分來自封建，部分出於王權。十六世紀中，西歐大部分，由於箝制大地主的政治的權力，算是把封建的貴族壓制下去了，但是貴族的社會利益卻繼續存在著，阻止民主進步的乃是社會領域中寡頭政治與君主專制的勾結。中古的末期，代表的議會確曾出現於基督教西歐的進步國家中。但是它們並未能建立本身為唯一的立法機構。近代的初期，代表的議會制似乎是在走下坡路，祇有英國在十七世紀中，由於建立國會控制國務大臣的權力，才過渡到君主立憲。近代的民主是逐步實現的，在發展的期間，國家的行政部門慢慢受到民選議會的控制。十八世紀中，人民對於君主的信心仍然是很強烈的，所以自文藝復興到法國革命這一個期間很可以稱之為專制時代（age of absolutism）。

關於這種發展，法國歷史的過程可以看作是典型的。十六世紀與十七世紀初年，君權要登峰造極，必須與貴族做激烈的鬥爭。經過宗教戰爭的大紊亂以後，亨利四世終於恢復了中央政府的權力。亨利四世為要抑制貴族的權力，曾將政府的重要的職掌交予中產階級的官吏。在其後期間，專制政府的制度慢慢完成了。一六六一年路易十四世（Louis XIV）登極，他繼承了一種賴行政會議輔佐的政府，這種制度係黎舍流（Richelieu）與瑪撒琳（Mazarin）精心建立的。君主制度算是擊敗了貴族與地方行政機構的分化的力量，不過他沒有消滅早期留下來的敵對的制度。法國的最高法庭（Parlements）仍然屹立不動，祇是它的辯論國王的法令以及在若干情況下拒絕登記該項法令的權力被絕對地否認了。地方會議與市議會雖然仍存在著，它們的行動的自由卻受到嚴格的限制。市鎮的官吏須由政府提名，地方自治也因此結束。國王在地方的權力操在國王派赴各地的州行政官（intendants）

的手裡，這種行政官大部分是自不屬於利益階級中選出。如此，國王就取得了各省司法與財務行政的直接控制權。州行政官便是專制國王駐地方上的代表。在他們的統治下，法國在歷史上第一次達成有力的政治的團結。

十七世紀中，法國還不能實現國會的政府。階級會議（即法國的國會）的發展成為一種國家的議會，卻受阻於它的內部缺乎團結。它的內部分成三個階級，引起了一種階級利益的衝突，因而破壞了它牽制行政權力的有益的作用。第一與第二兩個階級事實上享受免稅的待遇，這祇剩下了第三階級單獨對國王的財政的控制從事無效的反抗。階級的議會在一六一四年把所有的精力都消耗在個人的或團體的問題上，它從未取得立法的權力，而且一六一四年後，其間一百七十五年中，迄未再度被召集開會。

西歐的其他國家中，國王都很快地仿效法國國王的個人專制。西班牙的哈普斯堡王朝的統治者之能建立一種專制的政體，說明了國內各部分不能團結起來對抗國王的集權。西班牙國王可以任意支配鉅額的稅收，使他經常不需要國會（Cortes）的協助，同時，一如法國，貴族的免稅待遇徒削弱了他們牽制國王的權力。專制政體在西班牙的基礎確是永沒有像法國那樣的鞏固。直到十八世紀初期，亞拉剛國會還保持著憲法上關於控制司法與稅收的權利。不過，這些自由祇是早期留下來的遺物。它們很像中古封建諸侯的自由，因為它們不是能普遍適用的，而且是消極的，不是積極的。它們的運用可以限制國王意旨的萬能，但不能把它們當作國會政府的基礎。

在日耳曼方面，由於皇帝權力的衰微，地方的諸侯很希望仿效法國國王的專制提高他們的權力。一五五五年《奧格斯堡和平條約》（*Peace of Augsburg*）規定宗教的事應由各國國王決定，他所管轄的境內，或是要羅馬教，或是要路德教，一唯他的意旨是從。其後三十年戰爭結束時，《威斯特法里亞和平條約》（*Peace of Westphalia*）又幾乎承認了帝國內各個部分的宗教的自由。十七世紀中，較重要的國家的君主都忙於他們個人的專制。日耳曼大多數的地方的議會已經取消了，帝國的議會在這些地方議會消滅以後亦衰弱不振，幾乎成了一種各獨立國的大使會議。威廉·佛勒特里克（William Frederick）大選後（一六四〇—一六八八）將地方議會與行政的機構嚴格地置於國王御前會議之下，這種布蘭敦堡朝（Brandendurg）普魯士的作風成為一種專制的模型，許多其他日耳曼國家都很快地模仿它。

在斯堪的那維亞（Scandinavia）半島與俄國，人民的合作促使國王消滅了貴族獨立的權力。直到十七世紀，具有若干代表性的議會仍繼續在西俄羅斯開會，羅曼諾夫（Romanov）王朝的建立乃是由一個包括著各主要城市代表的會議推選的。不過，代議的制度沒有跟上時代的精神，直到十七世紀末年，還沒有任何有效的力量束縛沙皇的專制。

祇有在波蘭、瑞士、荷蘭的尼特蘭與英國，憲法的自由曾獲得維持。波蘭的君主握有很少的權力。在雅支倫（Jagellon）王朝時，君主雖然在理論上不是因襲，而實際上卻是因襲的。不過到了一六七二年，貴族又成功地建立了君主的選舉性，結果，每一次推選，國王的權力就受到新的限制。但是波蘭的王權之受限制徒然顯出了君主專制的優點，因為在波蘭自政府的權力被削弱及貴族自私的野心獲實現後，國內經濟的毀滅與地方的壓迫也隨之俱來。

甚至瑞士在專制時代，民意亦受到若干的抑制。宗教革命期間，瑞士仍然維持著主權在民的原則。新舊宗教的衝突在瑞士許多區域中是用民眾投票方法決定的。有的沒有民眾會議的州，關於重大問題仍用直接就商於民的方法。因此，柏恩（Bern）就用民眾投票法建議與外國締盟，甚至決定宗教信條的問題。在較大的州中，代議的機構業已建立。習慣仍是由市政會議僅做暫時的決議，再交由人民通過。但是到了十七世紀中葉，貴族的勢力開始抬頭。鄉區初到市鎮的人民開始受到限制，不易取得完全的市民身分。在許多市鎮中，政府的權力操在一種市鎮貴族的手中。就柏恩說，市政的決議交由人民表決的方法到了一六一四年後即未繼續使用。在洛桑（Lucerne）、弗里堡（Fribourg）以及其他市鎮中心，市民的權利為少數人所把持，大部分人民遭受排斥，甚至不能享有選舉的權利。在所有較大的市鎮中，有一種趨勢要使市鎮會議成為一種繼續存在的自治團體，負起社團的最高的權力。甚至在鄉區，情形很明顯地係貴族勢力的日增與選舉權的縮小。自他區新遷來的人不得享有公民與政治的權利，這種規定即是破壞了平等。瑞士民主精神所具的排斥性與古代希臘城市國家相似，烏里州的民主政權對於瓦爾拉文狄那（Val Laventina）自治區之殘忍的壓制（一七五五）正不下於雅典之對於若干附屬的城市所加的毒辣的待遇。瑞士還有激烈的內亂與大規模的選舉舞弊的跡象。很顯明的是共和瑞士的直接民主並未能完全支持公民的平等與自由的原則。

不過，儘管寡頭政治日漸抬頭，瑞士人民一部分仍是維持著中古時代的民主制度。有許多州中，民眾大會仍在開會解決全社團的問題。在專制的期間，民主制度的繼續存在，對於十八世紀的思想，產生了一種深刻的印象。

尼特蘭方面各省的情形特殊，為民主政體發展的主要的阻礙。君主的號召是很弱的，因為沒有一個當政的王朝是迫切關懷全國的進步與繁榮。在它爭取獨立反抗西班牙時期，這個國家深得力於它的領袖阿朗枝的威廉（William of Orange），但聯合省的原始的憲法係共和性質的，所以它規定行政與立法的權力須由一個代議的國會行使。十八世紀的大部分期間，阿朗枝朝的國王在大部分省中居於執政者（Stadtholder）的地位。直到一七四七年全國才設立了一個統一的執政，由阿朗枝朝的後裔累世因襲。西歐國家中，尼特蘭因此就成立了一般的君主專制的例外。他的累世相傳的執政的地位僅足以牽制富有的貴族向著寡頭共和政體的發展努力。這兩種力量的交惡影響國家的統一至鉅，長久下去，各省區的權利壓倒了一個統一的共和國的利益。遠在一六五一年，各省的主權幾已獲得承認，此後國會不過是各省主權的社團的代表會議。

荷蘭的地方自治的制度與司法官員的選舉與其鄰國的集權的與專制的行政形成一種重要的對照。尼特蘭示範的作用雖促進了自由制度的發展，我們卻不可假定它的政治制度即是民主的。過度的政權的分化是將國家的命運置於市議會的手中，這些議會卻是操在少數主要市民的手中，缺乏一種強有力的全國性的組織與政黨的經常的鬥爭，阻礙了達成全國的團結與強盛。

祇有在英國，真正政治自由的基礎算是建立起來。在圖多（Tudor）王朝時代（一四八五－一六〇三），國會才成為一種永久的政治制度。十六世紀為國會立法的偉大的時期，在這一個期間國會的代表性的下議院才知道如何團結的合作。不過，政治意識的發展還是不完全的，同時外國侵入的威脅使甚至最富鬥爭性的國會人士也同意要有一種廣大限度的行政的權力。司徒朝當政，憲法問題又成爭執的焦點。一個外國人（蘇格蘭人）來做本國的君主，在人民中不能引起普遍的尊敬，並且在國家安全的時期，國王亦不需要享有廣泛的裁奪的權力。加之，詹姆士（James）乃是一個理論主義者，對於政治好發表抽象的原則。這種重大的偏好結果使政治上明顯的與衝突的理論都顯露出來。詹姆士與其子查理士（Charles）都主張國王是國家的主宰，超出法律的管轄。他們決定要使這種圖多朝的實踐變成為人所承認的憲法的理論，根據這種理論應許國王保持行使緊急的權力。亨利八世與其繼任者目的祇在握有實際的權力，故仍極力保存憲政的體制。另一方面，司徒朝的君權神授的概念是置國王於人民之上，使他越出法律範圍之外。因此，英國人被迫研究國家的最高權力究在何處。

憲政的理論係逐漸地發揮出來，這算是答覆了司徒朝國王的爭辯。起始，很少有人想到要建立國會的至高的權力來箝制國王。反對君權神授的人士又回到舊日的法律超越一切的概念。在詹姆士時代，法律學者，尤其是首席大法官柯克（Chief Justice Coke）曾發揮一種理論，主張在法令包括著自然法則時，它應當是超出國王與國會的。

國會的民主，由於置國務行政大臣於代表的立法機關的控制之下，已經實現了。英國在十七世紀中，國務大臣基本上仍然是國王的僕從。司徒朝的初期，下議院主張國王應當挑選不至違法的國務大臣。柏金漢（Buckingham）與斯塔福特（Strafford）之被彈劾都是根據曾經違反法律的具體的罪名。一六四一年以前迄未有任何國會權力高於一切的建議。到了那一年，它祇要求具有唯一的表決給養與控制徵稅的權力，並否認國王具有任何獨立的立法與徵稅的權力。一六四〇年長期國會（Long Parliament）召集後，就提出重要的聲明，認為政府須受法律的控制。

詹姆士與查理士在外交政策與宗教方面所持的意見與大多數英國的人民相反，這種事實極有利於國會，因為這種情形促使國會在主張方面與全國人民結成一體。查理士一世當政時，國會站在人民立場上，反對高壓的政府。人民因此對國會所付的信託，益以他們對於查理士的根本的懷疑，就使國會的地位獲得顯著的提高。長期國會不僅是決計要取消國王的裁奪權，而且要將行政的控制權轉移到它自己的身上。國會的決心爭取行政權與立法權，其中且包括著軍事控制權，這簡直是要以國會的統治代替王權的政府。國會這種要求直接引起內戰，查理士於此卻處於較有利的地位，因為過去反對國王的人士中，為了宗教問題，曾有深刻的歧見，他們的分歧便是國王的便宜。

內戰決定了國王與國會的爭執。但是國會已請求國人支持它的立場。在這種情形下，如果國會獲得勝利，它對於人民必須要給以相當限度的最後控制權。加之，國會主張對於政府的組織，採取激烈的改革，祇有根據民主原則，才能證明其立場的正確。因此，一六四九年一月四日下議院的決議，力陳它的法令的效力不必需要國王或上院的同意，隨著這種決議，它又宣布人民係國家一切公平的權力的來源，由於國會的代表的性質，所以國家的最高的權力應當屬於國會。

在未廢除王權以前，已有人提出了具體的革新的建議，這不僅著眼在由人民控制國王，而且在力陳國會代表的性質。這個由伊勒頓（Ireton）起草的復經軍事委員會接受的建議，主張設立兩年一選的國會，由平等的選區選出。這個建議旨在保障私人的權利以抵抗國家的權力，故主張達成寬大的容忍並取消教會人員強迫的權力。在性質上，甚至更民主的乃是人民的協定（Agreement of the People），這原是在一六四七年起草的，於一六四九年經過修改後提出國會，這是軍隊中真正民主派的人士的工作，反對他們的人稱他們為均平主義者（Levellers）。這些人中著名的有約翰．李布恩（John Lilburne），他提議保留若干問題由人民處理，藉以限制立法機關的權力。因此，國會的權力就遠在社團的權力之下。同時制定一種新成文憲法以保障這些安排。國會對於這種憲法是不能修改的。另一方面，國會的席位應徹底地重新分配，但建議中未提到國王與國會上院，這可以看出當時民主的情緒是如何旺盛。

這個運動的重要性是在它的發動者假定必須有準備以防當選的立法人員的專斷。國會賴以反對國王的在維護它的至高的立法的權力，而這個運動的發起人要達到上述的目的，必須打倒立法的最高權力。在一個成文的憲法中規定若干基本的權利，並保留這些權利不受立法機關的干涉，這種思想註定了要為許多近代憲法所採取，尤以美國為最顯著。歐洲的大國中，這是第一個精密的建議，主張根據主權在民的原則，採用一種成文憲法。

英國共和期間的憲政的實驗，在若干限度內，倡導了歐洲與美洲的政治制度的發展。另一方面，這些實驗尚不能產生永久性與安全性的結果，因為一六四九年時尚無機會在一次普選中表現出實驗的意義。直到一六五八年，即克命威爾（Oliver Cromwell）死的一年，他仍是國家的行政首長。他雖然希望再建一個憲政的政體來結束軍政府，但國內的分裂的狀況使他相信他的個人的統治係避免紊亂不得已的辦法。在克命威爾統治的期間，政治不是國會的，也不是民主的，但這一個期間的結局在政治實驗方面呈顯出一種空前的活動。這些實驗大部分是出之於已制定的憲法的形式，而這些憲法係少數自命為立法的人士替國家制定的。因此，一六五三年軍事委員會草擬了一種叫作「政治的工具」（Instrument of Government）。這卻是一種最精細的與遠大政治眼光的計劃，因為有三年的時間英國確是實行過這個工具，所以我們可以稱之謂第一個曾應用之於一個大國家的成文憲法。

根據這個工具，政府的立法權與行政權是分開的，其劃分的方法多少與現在的美國憲法相似。護國公（Protector）雖為行政的首領，具有一般的政策控制權與有限的官吏任命權，但在立法方面他祇有稽延的否決權（Suspensive Veto），國會規定為一院制，議員四百六十人，其中六十人代表蘇格蘭與愛爾蘭選區，同時席位的重新分配與選舉權的擴大指示出政府係朝著民主方向前進。另一方面，護國公係任職終身，而國會的權力卻受到很大的限制，它無權討論憲法的出發點。保王黨與羅馬教徒的選舉權都被剝奪，且對於羅馬教徒的權利意在永久剝奪，這可以看出自命為執政的人們並未完全信任全國國民，同時依照憲法選出的議員，被武斷地排斥，不得參與國會，這是由於克倫威爾的焦慮，他怕的是內部分裂會整個的癱瘓政府的效能。政治工具的失敗引起更進一步的實驗，逐漸地回復到舊日的政治的機構。所謂《卑微的請願與條陳》（*Humble Petition and Advice*）把護國公制變為一種類似君主制，並恢復了國會的上院。克倫威爾死後，司徒朝的復辟，在當時看來，是不可免的。

司徒朝的復辟並未阻遏建立國會政府的運動。這不是恢復查理士一世所瞭解的君主，而是恢復一六四一年長期國會曾經建立過的憲政的君主。查理士二世也許仍然控制著民團，並任命國務大臣，但他無權執行一種為國會與全國所不喜的政策。在共和時期，國會在國務方面已得到很多的知識與經驗，這自然有助於國會攫取最高的權力。另一方面，當時還沒有一種機構足以促成立法與行政的合作，同時對於國會缺乏任何有效的控制，也否定了民主的可能。在十七與十八世紀中，國王因任用私人仍可逃避國會的控制。政黨制度當時尚在萌芽，國會的大多數祇能靠賄賂才可以獲得。政治的代議在理論上是完備了，但是事實上由於貴族的控制變成無關緊要。如此在城市與鄉村，地主對於選舉均握有操縱的力量。十八世紀中，有的城市中竟無國會競選的事。國會的席位是公開的買賣，這給予國王以操縱的機會。地方政府也不受人民的控制，官吏與法官的席位均為紳士所把持。當時政治道德標準之低造成了國會聲譽的低落，並促成政府為少數人的利益服務。

另一方面，英國在北美的殖民地中的個人主義促進了民主。美洲人係強悍而無依賴性的。同時他們對於天賦的自由的原則堅持不肯犧牲，這些原則在他們看來乃是他們社會的遺產。十八世紀中，殖民地中憲政的衝突結果都是民眾會議的勝利，民眾會議處處都維護它的創制與無限制的討論權。它逐漸地侵奪行政的特權，並利用給養的控制以取得國會利益的承認。雖然帝國的當局拒絕承認殖民地的議會具有國會的資格，而君主的特權卻很明顯地減弱。一七六〇年以前，所有大陸殖民地的議會均有效地控制著政府，同時帝國議會的萬能卻引起尖銳的爭執。因為這些議會相當地代表了選區，所以政府可以稱之為民主的。

前章我們已追溯近代初期的宗教的改革對於民主思想的影響。在專制時代，世俗的範圍內民主理論的表現很少。荷蘭的法理學者葛羅休士（Hugo Grotius）於其所著《戰爭與和平》（*De Jure Belli ac Pacis*, 1625）一書稱自然律超過了國王的意旨，公共福利乃是任何一個合法政府的目標。他由於重視人類自由與信仰自由無形中促進了民主運動。但是他的言論常模糊而又矛盾。一般的說，十七世紀中，祇有在英國，民主的思想才是積極的。

甚至在英國，亦竟有一個哲學家霍布斯（Thomas Hobbes）在外表上亦反對民主思想。霍布斯宣布波丁的絕對主權的見解。君權不能迫使人民服從乃是國家的紛擾與紊亂的起源。他極力否認國會人士的論調，因為依照他的意見，主權必須是絕對的與不可分的。主權在民之說，對於他是沒有什麼意義，他指出民主乃是「一種若干雄辯家的貴族政治，有時插入一種一個雄辯家的暫時君主」。另一方面，霍布斯對於君主也沒有什麼特殊的情感，他之支持君主祇是因為一種君主政體能最迅速地與最有效地處理國政。他主張國內一切的權力都應置於國王的絕對權力之下，其理由係人民為建立一種單一的與不可反抗的政權，已經永久地放棄了他們的自由。霍布斯的理由當然含有漏洞。他的理論包括著社會契約說的觀念，但卻利用該項觀念去支持專制主義。他很少注意到國家係源於協定。加之，他放棄專制君主的舊日的護符，對於君權神授之說也不大能忍受。他的見解完全是世俗的，因此指出政府祇是一種歷史進化的問題。他主要的祇關心如何維持中央政府的力量，事實上講，他的理論也與民主政治的原則沒有什麼大的距離。

英國的共和政體，因為時間太短，不足以在促進民主方面影響當時政治思想的趨勢。這個政權時代產生的維護民權的著作，不祇一種，但是那些論文大部分都是超過時代。米爾頓（John Milton）於其所著《國王與執政人員的任期》（*Tenure of Kings and Magistrates*, 1649）論文中，稱人民以權力交予國王們，自身仍保持最後的權力，因之，國王對於人民應當負責，但是查理士一世的斬首為大部分人民所不贊成，米爾頓當時係與一群軍官聯合在一起，他們對人民也不肯信任。他的個人的與宗教的自由的主張與君權並不違背，其後他對民眾的反抗與革命的理論的贊成並未獲得英國人民的信任，因為他們已疲於政治的變動而極欲重建古代政治與社會的結構。相當支持米爾頓的政治思想的倒是美國而不是英國。米爾頓的分散政府的權力交由地方代表的團體負責以保障自由的建議，對於民主理論，乃是一種重要的貢獻。

還有更重要的乃是哈靈頓（James Harrington）的《政府論》（*Oceana*, 1656）。他的主要的論點乃是政府的權力應與地產聯繫起來，這種說法是毫無問題地代表著英國統治階級的意見。他認為政治制度應是經濟社會狀況的產物。因為地主的人數大為加增，哈靈頓認為時間已經到了，應以一個地主的共和政體來代替一人的統治。他堅認土地不動產的保有應為執行政治權力的條件，他的邏輯告訴他這種原則需要革新國會的代議制。個人的野心與政府的壓迫都是有害的，為預防這些害處，祇有把信心放在民眾選舉的方面。同時他主張建立一種箝制與平衡的制度，使民主能配合秩序與安定。他的建議中最有名的，乃是使用一種間接選舉的方法，這些手段在英國是陌生的，在美洲殖民地中卻是熟悉的。不過他精擬的憲法規定設立一種無投票權的上院與無創制權的下院，這是沒有考慮到要滿足民主的情緒。英國在司徒朝復辟以後，他的著作就不再有人認真地研究，但美國的卡羅里那（Carolina）與朋夕文尼亞（Pennsylvania）兩州卻把他的若干建議包括在它們的憲法中，不過所得的結果並不是完全順利的。

不過哈靈頓的著作也許是由於很清楚地與合理地說明了當時流行的清教徒的理論，注定了對於美國民主的發展要發生重大的影響。他所主張的權力的劃分、間接的選舉、選舉的機關的增多，以及人民批准或否決憲法修改案的權力卻是他對於政治理論的貢獻，而後來在美國憲法中反映出來的。哈靈頓雖很難稱之為民主人士，他雖未曾建議予國會以立法上的創制權，他卻很樂觀地指陳代議制的採用將能保障民眾的利益，同時他的政治制度係建於公民的自由與宗教容忍的廣大的基礎上。

司徒朝恢復以後，君主的情緒又再度抬頭。司徒朝勝利之時（一六八一—一六八八），公民與宗教的自由再度遭遇危機，因而共和與民主的理論又風起雲湧。當時反對王朝著名的人物中有一位為薛德勒（Algernon Sydney）。他的《政治論叢》（*Discourses Concerning Government*）主張政府上層的變動不應影響到社會的基礎。違法的國王可以不需要社會革命而加以廢黜。薛德勒乃是主張支持國會的或代議制的民主，他認為國會的歷史較國王久，實際上最高權力乃是寄託在代表的身上。他認為直接民主為一種幻想。

洛克（John Locke）很有力地把這些情緒發表出來。洛克發揮一種社會契約論，他心目中契約是人與人間不是統治者與被統治者間的協定。因此社團把握著最高的權力，而政府祇是受委託者，最後須對人民負責。薛德勒祇表示贊成國會制，而洛克卻更為民主，提出大膽的主張，謂「人民仍有權取消或更換立法機構」。他說國會的最高權力與人民的自由能並行不悖。他宣稱一個人不能剝奪創造者賦予他本身的權利，如果政府的專橫犯及這些權利，抵抗專橫就是一種責任。

洛克的理論深遠地影響到歐洲與美洲。歐洲大陸方面注意的是他所說的人民為保障自由將政治上各種權力委託予各種團體。這種理論原已略以不同的說法見之於哈靈頓的《政府論》中，現又為法國的孟德斯鳩（Montesquieu）所接受，對於十九世紀初期立憲注定了要產生很多的影響。洛克堅持保持著積極參政的權利，因為得不到人民的許可，沒有一個人可以受到合法的統治，法國哲學家的理論大部分是受到洛克意見的影響，因此人民實際上係政體的決定者。

洛克的著作雖用意祇在為一六八八年的革命辯護，實為民主政體的概念一種合理的說明。他在美國被視為代表人民反對政府的不公平的鬥士。他提出人權不可剝奪的理論，證明人民有反抗國會與國王壓迫之權，這是替美國反抗國會找出一個立論的根據。一七七六年美國《獨立宣言》中可以很明顯地看到洛克的影響。

雖在十八世紀，民主的傳統亦未完全湮沒，但是打倒專制祇是靠政治著作，力量尚嫌不夠，歐洲各國的人民對於經濟與社會狀況逐漸的怨恨終於傾覆了專制的王權。甚至英國在十八世紀，政治也是操在貴族的手中。中歐方面君權思想因與物質的繁榮與行政的革新發生聯繫，一度且有增強的希望。祇有美國與若干限度內的瑞士，在十八世紀的下半期中事實上在實行民主政治。

第八章

民主思想與法國革命

近代的民主思想如何能實現呢？它的先決條件必須推翻舊政權的政治與社會制度。自由與自治的主要的障礙倒不是君權的力量，而是利益的把持。自中古時起反對國王權力的工具已陸續鑄成，早已奠定了法國革命的原則。十八世紀中，甚至在王權聲譽最隆的法國，反對無限制的專制的力量亦日漸高漲，憲政思想日漸發達。但要實現個人的自由與平等，就必須打倒貴族的利益。這一使命尚有賴於法國革命。關於此種工作，革命人士甚得力於天賦人權說的協助，因為宣布一般的人權，就是否定特殊的權利。十八世紀法國哲學家對於民主思想的主要貢獻乃是他們的理論，他們宣稱個人係先國家而存在，因此具有不依賴國王意旨的權利。

這些哲學家的著作係寫於法國開始反對路易十四世所建立的專制王權的時期。物質的繁榮與開明思想的成長使人們從理性的角度對現存的社會做激烈的批評。當時法國的偉大思想家中有許多人的理論是消極的。狄德羅（Diderot）與達倫巴（d'Alembert）對於法國的制度做破壞性的分析，摧毀了一般人對於傳統與權力的重視。這些著作家促使人們注意政治的專制、宗教上的偏執，與社會上的不平等，這是以革命的精神激動中產階級。專橫的教會、財政，與司法的特殊利益是當時受攻擊的主要對象，在這個攻擊的群中伏爾泰（Voltaire）便是一個領袖。伏爾泰雖然不是沒有積極革新的思想，他的精力主要的卻是用在攻擊當時的弊政，他的指斥也可以說削弱了舊的特權階級把持的社會對於革新的反抗力。尚有若干哲學家具有積極的理論，如孟德斯鳩這類的人便主張採取逐步的與有秩序的革新，他並指出英國憲法的優點。專制的君主國家為文藝復興期間主要的政治上的表現，孟氏的理論一出，專制君主遭受的反抗算是達到了高峰。他在所著《法意》（*De l'esprit des lois*）

一書中，告誡法國人，謂權力的集中是有害的，他認為祇有限制政府的權力才能保障自由。在信心上他是主張君主政體者，然而他卻要用貴族的制度牽制國王的權力，這裡所謂之貴族制度乃是採取一個模仿英國的憲法。孟德斯鳩主張恢復他所稱的法國的舊憲法，而加以修改，使政府的立法、行政與司法的權力很清楚地分開。

但是在哲學家群中也有人準備在新奇的基礎上改造國家的組織，在他們的旅行中，他們將北美及古代的亞洲國家的狀況與歐洲的制度做了比較的研究，因而獲得了新的思想。他們有人認為歐洲以外的情況不僅是比較的合理，而且還是原始的，因此也是合乎自然的。他們毫不猶豫地排斥君權神授的制度，力圖建設一個新的理想制度，在這種新制度中將充斥著平等、慈善與博愛的精神。他們希望從對於各種社會做比較的而又純理論的研究中，能發現並發揮法律與權利方面普遍適用的學說。屠戈（Turgot）及康多塞（Condorcet）諸人因此就逐漸構成一種大同的理想，並在人類的進步中找出了一種信仰。

不過，如果我們把哲學家當作民主人士與革命者那就錯了。他們認為民主祇適用於很小的社團，對於革命的暴動卻頗不贊成。但是他們卻未想到他們的著作自然地鼓動了新的思想，而這些新思想最後又促成了革命。

法國正統派哲學家雖主張將理想應用於人類的制度，盧梭在相當的限度內卻反對從純粹的知識的角度研究政治哲學。因為十九與二十世紀的新憲法出自盧梭啟示的地方甚多，這裡我要多費點篇幅分析盧梭的民主思想。他的主要思想乃是人類的平等。社會的建立係基於平等人士希圖維持公共福利的協定。盧梭也採用已經很熟悉的社會契約論，但他卻因此得到一個民主的結論。一方面他與霍布斯與波丁的意見一致，認為主權是不可剝奪的與不可分的；另一方面，他卻主張把主權寄託在人民身上，這是他與他們不同的地方。採用社會契約祇是為著要產生一個基於平等與博愛的社會。執政者是與契約無關係的人。相反的，建立政府祇是作為一種代行的機構執行人民委託的權力。主權仍是寄託在全體人民的身上，群意（general will）便是主權的表現。盧梭似乎很瞭解他的理論係基於大膽的假定。他沒有假設一種社會契約為一種歷史的事實。他祇是暗示在任何一個自由社團中，人民間都有一種實際的諒解，將他們的獨立的意旨交予整個社會，任何時刻人民參與國政並承認大多數的決議，就是重中這種協定。

這種理論的重要性乃是在唯如此才能構成有機體的民族國家。它一方面維持公共的福利，另一方面又保護著個人的權利。個人的權利僅居於社團的利益之下。每一公民均為最高權力的團體的一分子，不尊重民意便是非法的政府，這種立場乃是在慎防政府濫用政權。加之，立法的權力係寄託在人民身上，因為法律乃是群意的表現。

法國革命後的民主的憲法頗得力於盧梭的群意說。盧梭的立場係人民的大多數的意旨常是公平的，因為它所追逐的當然是公共的福利，這個立場影響現代的民主思想至鉅。他假定少數人的利益與社團全體的利益相同，但是他為保障自由，卻堅決主張法律對於所有的人必須有相同的拘束力，法律不能祇照顧特殊利益，而以責任加於某些人士。盧梭的法律的普遍有效說也許是他對政治理論最有價值的貢獻。

談到政府的機構，盧梭宣稱人民不能將他們的最高權力委託他人。因此任何一個不受人民控制的政府便是竊奪權力的政府。政體甚至是貴族的，或君主的，亦可稱為合法的，問題是在立法權必須寄託在人民身上，自由能受尊重。服從法律便是事實上尊重自身的意旨。另一方面，立法權必須直接地與繼續地屬於人民。代表制係與自由相違背的，因為群意是不能代表的。

盧梭指摘國會政府，其理由為選出的立法機關將逐漸地奪取最高的權力，致使人民祇能在選舉那一瞬間是自由的。因此，他又回到直接立法的立場，宣稱每隔一個期間，人民應集合起來發表群意。但在一個人口眾多的大國家這一點如何能做到呢？盧梭對於這種困難卻未提出解決的辦法。他的理想顯然又走到希臘思想家的路線，國家應當很小，俾民眾容易集中精力，至於國家的安全則必須要靠與其他國家締結同盟或成立聯邦的方法。

盧梭雖主張人民控制立法，卻又拒絕純粹的民主，這是說他不同意公民直接參加行政部門的工作。他是主張權力分開的，行政的責任則委諸代理人執行。他亦認為除了很小的國家以外，政府機構中的直接民主是一種行不通的理想。人民不能永久的集合著，他們也不能把握行政中的複雜的問題。純粹的民主是不切實際的，因此將權力委託予官吏或委員會就成為不可避免的事。如此貴族政治與君主政體也許就應運而生，但這類政體的危險所在乃是政府要企圖劫奪人民的權力。因此，我們必須要把政府與主權的人民尖銳地分開。盧梭主張執政由民眾推選，因為選舉含有可以取消的權力，執政留任的條件要看他的人格如何。在一切政體中都要預防政府以己意代替民意。

盧梭的理論廣泛地獲得採用，但其結果並不都是成功的。他有一種理論認為大多數的意旨是不可能有錯誤的，每一個公民的美德是在他能絕對服從群眾的意旨，但其流弊所在乃是容易造成民主專政。另一方面，他力稱政府是一種功用，人民的建立政府為一種表現最高權力的行為，不是統治者與被統治者之間的一種契約，這種說法為反對當時流行的專制理論的一種有力的言論。

十九世紀初期，盧梭對於民主運動的影響絕不可說得過於誇大。當時該項運動自英、美所得到鼓勵的遠超過社會契約說的影響。他的學說對於二十世紀憲法倒發生了很大的力量。這一世紀的政治理論的趨勢著重在人民積極的參與立法。

另一位作家西耶士（Sieyès）對於政治的理論與實際所發生的影響也許更為直接與深遠。盧梭哲學的弱點係否定代議的立法機構，民眾保持主權如何能與一個大國所需要的政府的安定與繼續相調和，他並未提出一種實際可行的辦法。西耶士對於群意的支持，其熱忱並不減於盧梭，但是他卻認為用一種間接的選舉制度選出的代表更能表現民意。因為他對於幹練的領袖具有信心，所以不主張選民對領袖加以束縛，他的制度也可以說是一種貴族制度。不過，他亦有保障人民最後權力的辦法，那便是規定憲法的修改祇能由人民專為修憲而直接選出的會議決定。他與盧梭主要不同之點乃是他不同意人民的直接立法。他對於代議制政體的信心為其後若干代中自由思想的楷模。

一七七四年路易十六世即位以後，法國人民對於舊制的社會與政治的安排不滿的情緒日增。當時國王本身用意甚善，政府的壓迫也很少。法國農民的狀況也不比鄰國壞，而且已獲得很多的個人的自由。另一方面，長期的戰爭與政府的奢靡已使國家的財政幾達山窮水盡之境，此時人民凡吸收過平等與博愛思想的，覺得封建制度的殘餘對他們是一種侮辱。加之，農民的不公平的與不合理的擔負在許多區域中造成真正的痛苦，國王雖名為專制，而實無力糾正此種現象。國王的用心雖好，無奈教士與貴族的特殊利益普遍全國，阻礙革新計劃的推行。政府名為專制而實無能。人民因相信政府無力減輕他們的痛苦才萌革命的念頭。

法國革命主要的係人民感受疾苦而政府無力解救的結果。下層人民為貧窮所窘，另一方面又看到貴族與宮室的奢靡，怨恨之心油然而生。國家面臨破產而貴族與教士仍不肯放棄特殊利益，這才迫使法王於一七八九年五月召開國會（即階級會議）。在此種情況下，王室的徘徊瞻顧，大臣的束手無方，才使局勢日趨紊亂因而引起暴動。政治理論，在這種亂局中有何影響，很難估計。政治的宣傳小冊子對於民眾免不了產生若干激動，而《人權宣言》（*Declaration of the Rights of Man and of the Citizen*）中亦包括有盧梭的部分的理想。但一般的說，哲學家的理論對於法國革命的爆發似乎並無多大的關係。

法國大革命並未建立盧梭所主張的直接的民主。革命的議會所遭遇的問題乃是如何替一個大國制定一種憲法。法國方面幾乎要於受刺激的傾刻間創造曾未發展過的自治的制度與民主政體的機構，這是革命的混亂剛過去後一個迫切的問題。法國為專制政府的大本營，集權的手段在她的制度中已根深蒂固。因此祇好針對法國這個大單位擬出一種憲法而否決祇適用於小國的直接的民主。法國的人士，尤其是議會中早期的領袖，如彌拉波（Mirabeau）及莫尼野（Mounier）都曾研究過英國憲法的模範，企圖要將英國的國會政府的原則用之於法國。同時，英國方面有一派有力的革命思想認為英國的政治的保障不足以維持自由與平等。這一派人士認為自由祇有在一種制度之下可以獲得保障，那便是個人不僅有批評與箝制而且有參加政治之權。

階級會議（States General）或國民會議（National Assembly）在起始數月的爭辯中，主要的是關於推翻現存的政治與經濟的制度。到了一七八九年八月十一日國民會議已取消特權階級的免納租稅的權利，部分地廢止了封建的捐稅與專利，並取消司法與地方官職的買賣。早在六月二十三日，國王已將徵稅之權讓給國民會議，並邀會議合作消滅行政部門的專斷的權力。但是議員們似乎主張待一般指導立法的原則決定後，再做關於新憲法的決議。因此他們決定在新憲法制定之前，發表一個個人權利的宣言，使人民不致再受政府的壓迫。

《人權宣言》包括著法國革命的原則。宣言雖然涉及一般範圍，它卻不是抽象的理論，其中包括著很多實際的與清醒的建議。宣言的發表意在作為政治革新的方案，大部分是基於英、美的先例。其中雖包括有抽象性質的理論的條款，我們須知國民會議已經藉著立法使宣言在若干地方變成具體的文件。宣言中第六款論及人民對於立法及在法律方面的平等，多半是出自盧梭的思想，他就是重述前數月已經達成的事實。代表會議已經證實了它的立法的權利，與它對於群意的密切注意，加以它已在八月十一日（一七八九）通過議案，允許人民不分出身，有同等任官的權利。它並且遵照其他進步國家的經驗，制定法律、禁止武斷的逮捕與監禁，並建立相當限度的言論自由。甚至最抽象的宣言，例如標榜主權在民的原則，作為一種對於專制政府的實施的譴責，也是很重要的。透過人民的代表，人民不僅有控制徵稅與開支之權，並有要求官吏向彼等負責之權；這一類的規定，都是指示要走上英國型的憲政的途徑。一般的說，這個宣言對於十九世紀的政治思想有重大的影響。

這個新憲法規定於一七九一年實行。國王在任命大臣與軍隊將領及外交決策方面仍有權力，但在立法方面卻不許有提案權，即否決權亦祇限於稽延性的用途。地方政府也規定運用選舉。這使國王對於行政上控制的力量大為削弱。全國行政區均重新規定。選出的地方議會與官吏均不再對中央政府而對選民負責，原來掌握稅收與軍事的州行政官均因此取消。制定許多選舉的官吏，任期甚多而且有許多官吏不准連選連任，這種辦法係防止官吏的專權，並摧毀特權制度的存在。

立法機關規定為一院制，議員用間接選舉的方法選出，任期二年。英國的內閣制未被採用，國王的大臣規定不能由議員中挑選。為防制行政對立法的不睦，故新憲法採取嚴格的分權制，規定國會不問國王召集與否，均得開會，而且國王亦無解散國會之權。

這次的憲法包括著永久有用的條款。州行政區制度（departmental system）的建立係一種建設性的成就，消滅了地方的利益與偏私。刑律的改良與陪審制的引用也必須加以稱贊。一種分階的法庭制使每一個人都可以得到司法的便利。不過選舉權的限制，雖由於普羅分子與未受教育的民眾太多，究不能符合《人權宣言》的標榜，並妨礙了民主政體的實現。投票權祇限於主動的國民（active citizens）即能納稅等於三日勞工所得的人民，被選舉人所需要的資格更高。城市中真正的權力操於顯要會議議員（notables）之手，他們係由有財產的人推選出來的。至於被動的國民

（passive citizens）即國民防衛軍亦無加入的權利。雖然當時成年男子有三分之二是有選舉權的，上述這些區別究不合平等的原則，與社會契約說有很重要的區別。不過這些歧視的辦法，到了一七九二年頒布男子公民一律有選舉權的時期都取消了。

這個憲法在當時是真正的民主，但歐戰發生後民主隨即受到打擊。一七九一年憲法的主要缺點乃是行政權力太弱，而各州市權力太大。一七九三年，設置公共安全委員會（Committee of Public Safety）執行緊急內閣的權力，對大臣與將領得頒發指令，政府的效率因此恢復。它有權罷免全國的官吏，有權派遣委員分赴各地，付以獨裁的權力，國家因此才能集中精力進行戰爭。同時，在縣區與更小的地方單位中用政府提名的官吏代替選舉的官吏，地方的自主亦因之取消。甚至巴黎的革命委員會也篡奪了選出的團體的權力。最後，一七九五年，中央政府方面的民主取消了。《人權宣言》雖仍保留，而成人的選舉權卻遭壓制，居住權與對國家的納稅成了選舉權的條件。至於欲被選為立法機關的議員（此時國會為兩院制）則規定須握有實際的財產。國會的兩院，上院（Conseil des Anciens）由用間接選舉法推選的二百五十個年齡在四十以上有財產的公民組織之，具有稽延法律的制定之權。下院議員有五百人，具有創制法律之權。權力劃分的原則仍予以維持，行政權力由立法機關委託予五個指揮官（directors），各行政區與各市鎮統由指揮官管轄之。為了國家的利益得取消地方自治的條例，中央政府得於一切行政區中派遣一常駐委員。另一方面，指揮官雖有任命閣員之權，但在立法上沒有創制權，也無權解散下院或宣告停止下院的閉會。因此行政繼續與立法分開，政府的安定可能受到進一步衝突的威脅。

此時革命的原則已失去原有的擁戴。繼初期民主平等的熱忱而起的是對於政治之冷淡與厭惡。一般人的希望是結束革命的試驗，再建立一個專制政府，俾能保證革命所造成的較合輿情的設施。人民急切希望有一個安定的政府，這種心理可以說明為何在一七九七年至一七九九年法國具體地放棄了民主，並逐漸地接受了一個執政（拿破崙）的統治。同時，國會也已經推翻了封建制度，而且還完成一種徹底的土地的再分配。因為革命已經激動自覺的民族主義，也可以說革命已鋪了一條到達現代的民主國家的道路。另一方面，革命卻未達成政治安定的目標。民主似乎成了一種顯著的失敗。祇有在拿破崙統治之下，法國人民才似有實現有秩序與進步的理想的希望。

就全部歐洲說，革命產生了政治問題的新概念。它使人民與政府分開，暴露出民族主義中潛伏的力量。政治自由原看作個人不受國家干涉的自由，此時卻看出也包括著公民在政治方面的活動。政治自由又得到平等原則的有力支持。法國革命基本的理論為堅持以共同的人性為政治權利的基礎。它在經濟與社會方面的影響可以於巴斯狄監獄（Bastille）被攻破後數十年中在全歐各地看得出來。承認個人的自由與平等的原則附帶的就是廢止封建的與農奴的制度及司法程序上激烈的革新。這些措施，在開明的專制之下，也可以做到，實際上許多國家在專制君主的統治下，如佛勒特里克大帝時的普魯士及約瑟夫二世（Joseph II）的奧地利，在自由與公共改良方面，均有進步。另一方面，主權在民的革命的原則卻廢除了將人民交由一人統治的政體而代以民主的民族主義。一七九三年將憲法交由人民批准，乃承認人民握有最高權力的一種重要的行為，這也是第一次一個大國經大多數人民的表決，接受了一個新的政體。這種實驗雖然也許為時過早，但跟著瑞士在一八〇二年也同樣地將她的憲法交由人民表決，這是瑞士關於憲政立法的複決的開始。

雖然革命的領袖大部分是深信個人主義者，巴黎的事態的演變卻給予社會思想以若干鼓勵。遠在一七五五年，毛勒利（Morelly）於其所著《自然論》（*Code de la Nature*）曾經有系統地闡揚共產主義的理論。毛勒利稱「自然」很顯然地主張貨物應由人類共有，私人的所有權為鬥爭與敗德的根源。更有力的係馬伯里

（Mably）的著作，他專著眼攻擊私人的土地權。但是馬伯里準備歡迎以暴烈的手段推翻這種建築在不平等基礎上的現存制度，他確是革命的社會主義的信徒。革命初期的大部分領袖卻反對這類的思想，他們都深深地關懷著維護神聖的私產。但是由於革命的緣故，許多教會與貴族的財產都被沒收了，因為照例在沒收財產之後應提出一種理論的根據，所以當時產生了許多宣傳土地國有的小冊子，主張減少現存的不平等，與防止將來再度發生不平等的方案。隨著巴伯甫（Babeuf）的短暫出現，社會主義達成了一種廣泛的政治與經濟革新的計劃。此種計劃雖未被採用，我們卻要承認由於革命之著重人類的平等，它才強烈地刺激了社會主義的思想。

拿破崙雖然可以說是革命的產兒，他卻無意維持民主政體。一七九九年的憲法係拿破崙與西耶士的共同作品，該憲法旨在將政府的權力集中於行政部門。立法機關由於立法權的劃分而陷於癱瘓。第一個會議能辯論而不能投票，第二個會議能用不記名投票而卻無討論之權。這兩院沒有一個是基於直接的民眾選舉，至於提案權則屬於國務會議（Council of State），這個會議的人員係由拿破崙以首席執政地位任命的。在行政方面，指定代替了選舉。地方各級長官及市長等都是由在巴黎的行政長官任命的。所有國務員、大使、陸海軍官，乃至法官的任命權都操在首席執政之手。在縣區與村區雖仍保持選舉的議會，但亦僅具提問的作用。拿破崙建立帝國以後，這個憲法又受到很多的修改。立法機構的簡化跟著就是指定現任的官吏與卸任的官吏充任議員。如此立法機構的改組就是說明皇帝的命令僭越了立法機構的權力。司法官的任期也不再有保障，同時，民主的理想因個人自由，尤其是思想的自由，受到限制而遭到損害。在這種情況之下，成年人選舉權的保留與民眾投票的偶一利用都是沒有意義的。民眾接受拿破崙的統治係由於他們深信他是保全秩序與團結不可少的人物，即維持革命的政治與社會的設施也是非他莫屬。

革命時期使吾人注意到很複雜的政治問題。主權在民的要求留下了一個無法解決的問題，那便是如何調和分歧的利益。當時已宣布了一種原則，即公共的福利必須要置於部分的利益之上，但是如何使公共的意旨能在憲法上表示出來，這個方法尚有待於十九及二十世紀去發現。在小的社團中，直接的民主已經順利地應用過了，尤以瑞士為最顯著。另一方面，大國祇能賴選民的組織執行主權的責任。一八一五年後國家逐漸分成兩個集團。一個是國會政府，另一個便是人民直接行使最高的權力，政府各機關所握的權力祇能說奉人民之命行事。這第二個集團的理論大部分係出自盧梭與法國革命的原則。

第九章

十九世紀的民主運動

拿破崙的政權雖然壓制了民主政體，而拿氏政權在歐洲所產生的影響乃是民主原則的廣泛的滋長。法國革命與拿破崙戰爭期間，巴黎方面激起的自由與民主的波濤亦因戰爭而衝擊到歐洲大陸的每一個角落。拿氏敗北，歐洲雖又回到保守勢力的手中，但維也納會議於執行其反動的原則時，終於不敢全部推翻法國革命的成就，而且在其後歐洲各國制定的憲法中亦不能不容納若干限度的民主原則。這可以看出拿破崙的專制不僅未能阻抑民主的潮流，而且更堅定了人民爭取民主的決心。

維也納會議後的三十年中，人們對於代議制有堅強的信心。在統治階級中，代議的民主被認為是一種安全的設計，可以避免革命。這種制度使民眾過去須用暴力的地方，此時可用投票達到目的。在社會的低級階層中，人民對於民主的尊崇係基於他們的一種深刻的信心，認為祇有在選舉制度之下，自由才獲得保障。自由主義派的政治理論者認為普選權係醫治社會一切病症的靈藥。

但是一般人希圖建立的民主與盧梭所主張的革命的民主尚有極遠的距離。一般人並不要求直接參與立法與行政，因為他們認為人民的代表可以執行人民的意旨。因此，最高的權力應操在國會的手中。歐洲大部分的國家並未公開反對建立國會的上院，無疑地，上院對於不負責而草率的決議是一種牽制的力量。十九世紀初期，人們對於一院制的人民會議依然不肯信任，怕的是人民會議易受衝動，上院也許可以代表性格、經驗或特殊才能，用它來牽制下院就不必再由選舉人來控制下院了。凡採用代議制的國家幾乎都採取兩院制，這可以看出保守的與貴族的傾向。

一八一五年，國會制並未普遍存在，祇是英國、荷蘭與瑞士有之，奧地利、普魯士或義大利尚付闕如。至於法國，國會制則尚在萌芽時期。日耳曼南部有若干小邦亦曾試行選舉制。在較為進步的國家中，凡主張推行民主的人士其目的在爭取最大限度的個人自由。國家對於個人自由有保障的責任。積極地增進公共的福利不能以干涉人民為手段。當時流行的個人思想否認一種觀念，謂國家的存在，其目的在以積極的方法促進社會改良的計劃。

英國方面地主的貴族階級對於選舉之控制逐步地被打破了。在民眾尚未叫囂地要求政治權利之前，政府已允許擴大選舉權的範圍。民主運動係由上中層階級所領導，一部分也是受政黨操縱活動之應有的結果。同時，選舉權也是被認為根絕舊日的流弊與為工人爭取利益的手段。

淵源於工業革命的經濟力量的活動，逐漸地促進了民主。最重要的經濟問題的忽然出現，引起了一種要求，那便是徹底地改造國民生活。城市的人口集中、工廠制度的興起、就業的失調、低微的工資，與夫國民健康之遭受威脅，引起了急待解決的行政問題。此類問題，大革新前的英國貴族政府簡直無力應付。經濟痛苦第一步在工業的糾紛中造成工人的聯合，最後引起了政治的騷動。城市與工廠生活造成的聯合的機會還附帶產生一種新的權力意識。加之，經濟力量的活動因拿破崙的戰爭而益加劇，因為該項戰爭增多了國債，並加重了農業與工業的負擔。生活必需品的高價，益以就業之無把握，使人們聚精會神於政治的革新，作為調整不平等與平抑社會憤懣的一種手段。很顯然地，新的薪工階級需要投票權以保護本身不受資本家的壓迫。因此，社會與經濟的革新的需要就成了新的民主運動的主要動力。

一八三二年英國大革新法案雖擴大了政治代表的基礎，卻未建立一種民主政體。國會的議席重新分配，原在國會中分有議席而現已無人或人數很少的選區現被取消，人口甚多的州郡或較大的城市，現在在國會中尚無議席的，均各分配到若干議席。在市鎮中凡握有土地或屋宇每年收益達十鎊者即握有選舉權。各州中之租地者（leaseholder）與依據公簿之不動產所有人（copyholder）均有選舉權，但工人階級卻不得參與政權。當時英國的人口約兩千五百萬。有選舉權者還不到百萬，不過國會為國家的代表機構這個原則已經獲得普遍的認可，雖國王與貴族，在民眾堅持憲政的革新情形下，亦不能不同意革新的力量一旦發動，其勢遂不能停止。

一八三五年至一八三八年間的憲章運動（Chartist Movement）的爆發係由於人民對一八三二年溫和革新的方案與一八三五年的《救貧法》的不滿。早在一八一六年，柯北提（William Cobbett）即已提出要求每年選舉下院議員一次，並給所有對國家納稅的人以選舉權。這兩個要點重現於一八三八年憲章上有名的六點。這次他們的要求為重新調整選區，使國會更具有代表全民的性質，議員發給薪俸，使更多的無產階級人士得參加下院。這次運動主要的目的是在使國會受選民的控制。

這些要求獲得當時的激進的理論派，尤其是流行的功利思想派（Utilitarian School）的支持。邊沁（Jeremy Bentham）宣布民主為唯一合理的政體，因為大多數人如果具有最高權力，定能增進社會上大部分人的福利。因此他主張廢止君主與貴族的上院，並承認由普選產生的國會下院為最高權力機構。它不僅在立法上是最高的，而且能控制行政。

穆勒（John Stuart Mill）也支持這種功利主義的原則，不過他承認作為一種政府的方法，此種原則可能引起重大的流弊。他認為把民眾的選舉權作為一種好政府的保障是很重要的。邊沁方面對於國會下院之執行大多數的意旨的權力很想不加限制，穆勒卻認為立法機構最能增進公共福利的方法是在盡量少干涉個人的主動。在穆勒看來，大多數的統治也許比其他任何可以想到的政治權力的基礎較為公正，但並不一定能產生最好的結果。因此穆勒所得到的見解較邊沁為客觀。整個的說，民主仍是一種最理想的政體，但也不能全無問題。

但是十九世紀中葉人們認為代議制亦有其弱點，這推翻了對民主政體的無條件的擁護。穆勒與其門徒，對於卡萊爾（Carlyle）認為大多數統治其結果必淪於紊亂的見解，不表示同意，但是他們並非看不出在廣大區域中選舉所牽涉的困難。基本問題在於如何表達少數人的意見。在民主政權下，少數人的權利如何獲得保障？哈爾（Thomas Hare）所著《代表的選舉》（*The Election of Representation*, 1859）一書，目的在提出比例的代表制（proportional represention）來解決這種困難。這裡可以看出個人主義思想家的保守的傾向。哈爾要改進代議制的本質，同時又要消滅其中顯著的不合理之處。穆勒認為現存的制度不能使有才能的人出頭，但比例的代表制可以使有地位與有智慧的人士被選為國會議員。

雖然丹麥早就採用比例的代表制，但是直到二十世紀該項新制度才有進展。不過，一八六七年英國通過第二次革新方案後，民主政治才獲得重大的進展。這一次的改革幾乎使選民的人數增加了一倍，城市的產業工人得到最大部分的政治的權力。但是城市中選舉的資格雖已放寬，而各州鄉村中農人所受的限制依然照舊，結果一八八四年又通過第三次革新方案，取消此種不合理的現狀。這兩次革新方案都是在重新分配議席，結果則近乎建立了平等的選舉區制。此時全國都分成一個議員的選舉區，使下院人數達到了六百七十人。這些重大的改革逐漸地使英國走上真正的民主的途徑。到了二十世紀初年，英國的上層與中層階級就不得不將他們對於政府的控制交予新起的勞工代表。

民眾教育基礎的奠定與知識的更廣泛地傳播促使民主繼續向前進展。新聞紙的發達，在若干限度內實為民主進步的前驅，因為報紙發行既廣，貧窮的階級亦可獲知國事，引起他們對於國事的關心。提倡普及教育的最著名者為莫里斯（Mowrice），但直到一八七〇年福勒斯特（W. E. Forester）的教育法案（Education Act）通過以後，國家才開始建立公立初級學校。這時人們已經承認教育為必要的設施，同時，為國服務的充分的準備與民眾教育的提高，也很明顯地鼓勵了自由與自治的理想的實現。

歐洲大陸的民主運動，雖受工業制度的影響，主要仍出自革命時期的抽象理論的激動。人類的平等與自由已經被發揮為一種自明的真理。這類天賦人權派的理想與格言的影響遠較英國的功利派哲學家的理論為廣大。同時人們多著重人民團體中的社會因素。大陸的民主在一個很早的時期已有一種趨勢，要發展並運用國家的力量，以促進社會的進步。

不過英國的憲政原則對於大陸的運動曾發生過值得注意的影響。一八三五年，法國政論家吐克威爾（Tocqueville, 1805-1865）著《美國的民主》（*Democracy in America*）對於抽象的思想的氣焰即表示出一種反感。他利用比較方法使他能說明民主制度的實施。他對於美國民主，以歷史的、進化的和冷靜的分析開闢了一條根據現代的狀況從事客觀的研究政體的路徑。

同時，拿破崙戰爭結束後的那一個反動的期間，民主制度曾經碰到很壞的遭遇。匈牙利的國會雖然得於一八二八年復會，但在西班牙、皮德蒙特（Piedment）、那不勒斯（Naples）及波蘭各地建立憲政的運動都遭受壓制。但是，在一八三〇年這一年，反動卻受到了遏止。波旁（Bourbon）王朝的國王查理士十世推翻法國國會制度的企圖沒有成功，結果一八三〇年的革命終於擊破了正統與君權神授的理論。新奧爾良（Orléans）朝的君主願意尊重民意與取得國會的合作。波旁王朝的垮臺在歐洲引起了一種迅速的反響。比利時起而反對荷蘭的統治，並於獨立後制定一種自由的憲法。希臘成了一個君主立憲的國家。瑞士也擴大了直接民選的範圍。其他在義大利、日耳曼與波蘭各地均曾發生民主的叛變。

一八四八年的大變亂威脅到一切的反動君主——英國、荷蘭與比利時的君主立憲卻避免了革命。祇有在法國，一位立憲的君主卻被一種無產階級的激進革命所推翻，這主要是由於選舉權限太嚴，與中產階級之未能積極支持奧爾良王朝。路易·腓力浦（Louis Philippe）的政府既是傾向和平的，又是寡頭的，而法國人所熱望的乃是一種輝煌的外交政策與政治平等。因此，二月革命所遇到的抵抗力甚微，臨時政府匆忙地頒布命令，給予人民以普選權。不過事實證明，立憲會議比巴黎的社會主義者更為保守，所以社會主義者的領袖路易·布朗（Louis Blanc）遂不獲參與行政。首都的巷戰說明了資產階級的信心，認為要建立秩序與安全必須有一個強有力的政府。憲政會議規定將國家的行政託付予一個總統，由成年男子推選，任期四年，並在相當限度內不受立法機關的束縛。這種規定是替法國的第二次帝國的建立鋪了一條道路。當時即使不是巴黎，至少各省都認為安全與穩定高於一切。在這種狀況下，全國很自然地想到拿破崙這一族的代表，於是年輕而有才的路易·拿破崙遂得以極大多數的選票被選為總統。這一決定使法國的民主又稽遲三十年不能實現。一八五一年十二月憲法經過若干修改，國會下院議員仍由成年選民選出，但上院議員則由總統指定，作為對下院的一種牽制，至於立法權的準備則交由國務會議負責。總統的任期原為四年，這一次改為十年，他很明顯地成了操縱憲法的人物。所以次年第二次法蘭西帝國的出現乃是意料中事。

日耳曼方面，自由思想的中產階級首先痛惡與奧國首相梅特涅有關的壓迫性的制度，因此他們支持革命的激動。一八一五年建立的日耳曼聯邦為梅特涅政策的手段，目的在抑制民族的團結與憲政的願望。祇有在普魯士，大體上講，人民是準備支持專制政體的繼續，這是由於普魯士政府追逐一種很聰明的政策，將有力的行政控制與有價值的行政革新聯繫起來。巴黎革命爆發以後，日耳曼南部諸邦迅速地擴大她們的國會制度，並要求選出一個日耳曼國會，目的在實現日耳曼的統一。這一運動的結果乃是一八四八年五月十八日在法蘭克福（Frankford）召集的日耳曼的國民會議（German National Assembly），與其後一種考慮周詳的自由憲法的制定。這個憲法設置一個世襲的皇帝與負責的內閣共同擔負行政，立法權則付託予一個兩院制的國會，其中下院議員係由成年的選民選出，而上院議員則祇有部分是選舉的，部分是世襲的。但是國會中自由分子的領袖們低估了舊秩序的力量。當權的豪族尚未真正地信仰憲政的原則，專制主義仍盛行於維也納及柏林。憲法的保障完全停止執行。普魯士的威廉四世（Frederick William IV）竟拒絕從法蘭克福會議手中接受王位，而且各國個別的特性又再活躍起來，阻撓民族統一的成功。

不過，自由主義並未受到摧毀性的挫折，相反地，它並且獲得若干永久的成就。巴威利亞（Bavaria）與普魯士的憲法並未取消。在日耳曼全境中，高壓政策究為人所不滿。匈牙利的三月革命掀起了一種民族的與民主的運動。一八四八年三月匈牙利通過的規定建立民眾代議制與負責的內閣制的法律雖後來被奧國的皇帝取消，但匈牙利的各自為政的主張（Separatism）與中古傳下來的國會政治的思想卻祇是部分的受到阻遏。一八四九年丹麥方面的代議制建立永久的基礎。義大利方面撒地尼亞（Sardinia）的國王愛未虞（Victor Emmanuel）維持他的父親於一八四八年所頒布的憲法。在其餘國家又淪入專制制度時，撒地尼亞卻維持民主制度。由於這種制度得到半島上自由分子與溫和派的信任，撒地尼亞才逐漸地完成了義大利的統一。

一八一五年法國的發展雖然是朝著民主共和制的方向，行政權卻是高度的集中。一七八九年的革命已經掃去了舊有的分省制度，而新的行政區的建立又不能形成真正的地方生活，重掌政權的波旁王朝的中央政府仍然控制著地方。另一方面，人民對立法的權力與對內閣逐漸地取得直接或間接的控制。路易十八雖對選舉權加以限制，他所頒布的憲章卻是國王對於人民一種讓步，不過他仍不失為權力的泉源。這種概念在一八三〇年這一年的革命中被推翻了，革命的主權在民的原則下又恢復起來。這次革命否定了國王與其大臣有立法的建議權，而且極力建起一種責任內閣制。但是選舉權的基礎仍是很狹隘的，直到一八四八年普選權才再度建立起來。這一年國王讓步所得到的迅速的結果，便是路易・拿破崙之當選總統。一八五二年法蘭西共和國之再度改為帝國，並不影響民主的社會的組織。一七八九年至一八九一年建立的社會的組織，法國堅決地保留著，特別是公正的平等、平等的任官，及農民保有土地的權利等。由於中央集權的傳統與拿破崙的法典，行政與司法制度也大部分得以繼續存在。

在城市中革命的精神受遏阻，但未被鎮壓下去。一八四八年中激進的社會主義又於一個很短的期間在巴黎露面。拿破崙三世於普法戰爭中的失敗使革命的狂熱又獲得一表現的機會。第三次共和倉卒地宣布成立，巴黎曾於數月之間操在一種革命公社的手裡。但一般的講，法國人仍是保守的與守法的，他們根據普選權選出了一個會議，其中大部分仍是保王黨分子。法國的共和政權，有數年之間，幾不易維持，它幸而能存在的原因乃是由於反對它的分子本身不能一致。

直到一八七五年法國的憲法頒布以後，法國的國會民主才獲得若干程度的穩定。這次憲法所採取的制度，大部分係仿效英國的內閣制而加以修改的，結果成為對內閣權力的不信任的制度。英國內閣權力的發展，保證了政府的效率與延續，法國的一八七五年的憲法卻極力將權力集於國會的下院。總統在政府中很少有自作主張的力量，他不得上院三分之二以上的同意不能解散國會。因此下院幾有一種固定任期保障，內閣的不穩定為法國政府的一種特徵。

日耳曼雖有少數知識分子倡導自由思想，但在十九世紀中卻很少有發展基於主權在民的政體的願望。國會政府看起來似乎免不了是脆弱與缺乏效率的。日耳曼國會的權力因此是諮詢的、批評的，而不是統治的。立法機構的成立是出自國王自動的許可。內閣閣員祇對國王負責，不虞下院的不信任投票。一八七一年德意志帝國的建立對於憲政的發展並未採任何行動。軍事與外交的控制事實上新德國議會已不再能過問，而且當時還沒有一個全國的內閣。帝國的首相也就是普魯士王國的首相，因此祇對普王負責。軍事的任命權操在普魯士的內閣的手中。在文官政府的後面，便是普魯士參謀部操縱的軍事力量。政府是軍事的，絕不是民主的。

另一方面，國會下院（Reichstag）卻幾乎產生於普選權，因此它的批評是公正的與堅決的。加之，在德國北部還有若干行政性的自治，這也可以說有了若干可能的憲政生活的基礎。一旦軍人勢力與專制政體垮臺，這種基礎也可以發生作用。

十九世紀中奧地利與瑞典的國會制受到嚴格的限制。奧國皇帝指揮奧匈聯合王國的軍事與外交。在若干限度內他在匈牙利須賴國會大多數的支持，但奧國的國會的召集則以國王的意志為轉移。瑞典國王於十九世紀繼續離開黨派的立場選擇他的閣員，這證明皇帝有相當大的獨立的權力。他是毫無疑問的行政領袖，其行動可以無視他的國務會議的意見。瑞典國會下院（Riksdag）的要求顯示出政治意識的增長。到了十九世紀末年，更顯示出它決心要使內閣變成責任內閣。不過，國王的獨立的權力根本就不許可有民主政體的存在

瑞士於七個羅馬教的州企圖退出一八一五年建立的瑞士聯邦後，在一八四八年完成了一種全國政府的間架。她不再為一種州的聯盟而成為一個真正的聯邦國家，置有兩院制的國會與一個小的行政會議。一八四八年二月革命對於該國民主運動曾予以有力的激動。過去瑞士的民主主要的是一種地方政府問題。公共草地與森林的存在使民主在農村的社團中繼續存在。一方面公社仍為地方的控制一種重要單位時，另一方面人民已被邀請參加執行一種全國性的權力。人民的權力主要的是在兩院，但如遇修改憲法，人民仍保留著最後批准的權利。

一個新的國會政府制度算是產生了。這個制度中新奇的一點係由國會選舉一個

七位閣員組織執行會議（Bundesrath），其任期與立法機關相同。這個制度根本是民主的。立法機關不僅能挑選與監督閣員，而且執行與立法兩個機關都受人民直接投票的控制。執行機關固然是缺乏力量，但是它亦有一種保障，那就是閣員規定有一定的任期，在國會兩院中均有發言與建議修改法案之權。因此瑞士可以說是大部分地調和了行政的效率與民眾的控制。

一八四八年憲法的弱點乃是分配予中央政府的權力不夠大，一八七四年這一弱點獲得修正。不過中央政府的權力太多又有一種濫用權力的危險。如是又規定以民眾的直接投票來防止這種危險。一八七四以後的趨勢將更多的權力交予聯邦政府，隨之複決權與創制權也陸續地被採用。

西班牙經過一個長時間騷動與試探的革命後，最後於一八九〇年在一種普選的君主立憲制之下實現了若干限度的安定。

上面已略提及的革命的社會主義在十九世紀中對於政治的思想與行動影響逐漸增多，而且有改變民主趨勢的危險，故我們對此不能不加論列。十九世紀初，人們對於代議制的信心甚強。選舉權本身被認為是一種目的或至多也不過是防止不公平的一種手段。自大規模的資本工業興起與階級意識增強後，投票權不僅是爭取政治的而且也是爭取經濟的與社會的平等的工具。美國已經充分地顯示出，十足的民主並非就是經濟與社會的絕對的平等。但是社會主義者認為國家為了公共的福利應當顧到勞工的狀況、公共衛生與國家的教育。建立社會主義國家最後的目的，乃是利用政府的權力徹底地改造社會。

這些社會主義思想在大陸比在英國的力量更大，因為英國的激進思想家祇願採取漸進的革新計劃。革新的社會主義的提倡者乃是一位德國籍猶太人馬克思（Karl Marx）。他在一八四八年發表與恩格斯（Frederick Engels）合作草擬的《共產黨宣言》（*Communist Manifesto*）。馬克思對於政治的民主亦感到興趣，但主要的祇是把它當作生產工具社會化的初步。他認為在未能改造現存的經濟狀況以前，無產階級的政治的組織是必要的。

社會主義運動之能達到一種國際組織的規模，大部分係得力於馬克思。他是一八六四年建立的國際勞工聯合會（International Working Men's Association）的領導者。第一個國際（First International）的計劃，主要的是在爭取勞工階級的經濟的解放，與完成經濟的大團結。另一德國籍猶太人拉薩爾（Ferdinand Lassalle）也是社會主義者，他所領導的社會主義大部分是一種民族運動，正與馬克思的運動相反。日耳曼自一八六九年起即有社會民主黨，它的綱領著重在民主的方法，例如普選權、執政民選與民眾直接立法權。就溫和的表現說，社會主義到處著重解放個人不受物質憂慮的束縛，為的是使個人能發展其興趣與天才，這是符合民主理想的。我們不能否認，革命的社會主義思想也曾促進民主，但在一個完全受社會主義概念支配的世界能否維持民主，在今天已經很值得懷疑了。

甚至在吐克威爾促使人注意美國憲法的優點以前，美國已吸引人注意為一種可適用於大國的共和民主的模型。自移民時代起，愛好自治的情緒在美國已甚強烈。十七世紀中，新英倫殖民地在憲政的實施中已經產生了自治的原則。殖民地的狀況培養著自治與民主的平等精神，愛好自由大部分是出自這類的狀況。美國人反對歐洲權威的傳統與獨立戰爭的成功似乎是顯出人民的力量超過專制的權力。美國人民的政治與社會的展望不可免地在該新國家的政治機構中反映出來。一七八七年完成的與兩年後批准的憲法，係基於主權在民的原則。行政與立法的機關的權力都是直接出自人民的選舉。美國選舉的頻繁是在提醒代表們須服從人民的意旨。各國公民的自由都獲得保障，政府不能越權迫害。

一七八九年聯邦政府的組織產生了一種新的代議制政體，這便是總統制，它與內閣制有重大的分別。這個政體的特點乃是立法與行政有固定的任期，因為二者都是直接或間接由人民票選的。政府中的立法、行政與司法權力的劃分係預防行政的專權與保障個人自由的手段。箝制與平衡係美國政治制度的一個特點，如此憲法本身也受到保障，任何關於憲法的修改必須經過一種最複雜的立法與批評的程序。

這種憲法常被稱之為剛性的憲法。它計劃嚴格的劃分權力，同時又保障民權。自一六三九年康涅狄格的基本約法，北美殖民地即已採用這一型的成文憲法。另一方面，英國除了一六五三年「政治的工具」外，政府的組織雖不時因立法的條例而加修改，卻未曾將政府的組織與權力在一個包羅甚廣的文件中寫出。這種英國憲法是柔性的，它是無層次的而且在若干限度內是不具體的。憲法的實施是不斷在改變，國會在法律上有無限的修改憲法的權力。

美國憲法主要的規定這裡須略加檢討。國會為兩院制，下院任期兩年，各州議員的人數以人口為比例。參議員依照原有的憲法由各州的議會選舉，任期六年，但一九一三年，改由人民選舉，每州合組為一個選區。總統雖不是人民直接選的，事實上卻等於人民直接決定的。他立於行政首長的地位，有官吏的提名與任命權，有向國會的提案權，而且對立法有有限的否決權。另一方面，他的政府有時還要受到立法的困擾。參議員對於任官有同意權，這種規定便是行政權的一種牽制。內閣閣員祇對總統負責。唯一不對他負責的與不可罷免的官吏為最高法院的大法官，他們都是任期終身。

憲法規定中最重要一點乃是立法與行政的權力同樣受民眾投票權的支配，這可由立法人員與總統任期之短可以見之。聯邦政府由於箝制與平衡很少有濫用權力的危險。聯邦政府的行政部門不僅受國會的限制，而且受各州的權力的限制。立法範圍的限制在若干州中已經逼使人民運用直接的立法權。一般的說，因為美國法律手續的麻煩，才養成人民一種法律的頭腦。

一七九一年採取的十條憲法的修改案，列舉了人民的基本權利。一八〇〇年共和黨選舉獲勝以後，政府的勢力雖受犧牲，民權的力量卻較過去更為鞏固。一八〇一年就任總統的傑弗遜（Thomas Jefferson）提倡一種政策，旨在維持個別州的主權與支持普選權的原則。民主制度大規模的成功的運用在歐洲與美洲發生了重大的影響，南美的拉丁國家決心堅持他們的獨立也是受著美國的影響。她們對於西班牙反叛的成功，結果產生了若干憲政的共和國，名義上是基於政治平等的原則，但事實上卻基於軍事力量。祇有烏拉圭、阿根廷的人民大部分是來自歐洲。土人與混血人完全沒有政治經驗與能力，甚至歐洲人也無服從憲法權威的習慣，因為這種權威係出自自治的制度。因此拉丁美洲注定要受軍事獨裁的統治。直到十九世紀末，民主政體才在若干較為進步的紙面上的共和國中成為近似一種實際的東西。

不過，西班牙殖民地爭取自由的奮鬥引起英國與北美的同情。兩國都匆忙地承認了新共和國的獨立。一八二三年門羅（James Monroe）總統宣布他的有名的門羅主義，促請歐洲各國注意歐洲的政治制度與美洲不同，如歐洲列強便欲將歐洲制度加之於美洲國家，必至危及美洲的和平與安全，這是美國所不能容忍的。這種宣言在其後若干代中成了美國外交政策的指導原則。

在一八二〇與一八五〇之間民主的情緒繼長增高。聯邦的憲法在各方面都不能滿足人民的慾望。人民對於行政的權力有根深蒂固的懷疑，而行政官與法官仍是任命的，不是選舉的。一般人民對於官僚政治的厭惡與不滿於聯邦制度的無法修改可以在各州的憲法修改中看得出來。選舉的官員範圍倍增，甚至高級法庭的法官也有選舉的，而且任期甚短，選舉權亦大為放寬。南北美戰爭中，聯邦政府的獲勝也可以說就是民主政治的獲勝。到了十九世紀的下半期，有許多州並建立了人民直接的與延續的主權。

在殖民的領域中，到了十九世紀中葉，民主政治在大不列顛的舊殖民地中已建立起來。新英倫在十七世紀中確已實行了自治的原則。獨立戰爭以前，北美殖民地的大部分已有選舉的立法機構，康涅狄格與羅德島甚至任命他們自己的行政長官。但是在英帝國一度中斷後，這些自由的原則就被一種集權的政策所代替。到了十九世紀的三十年代英執政的民權黨（Whig Party）為主張殖民地革新者所說服後，又再度允許在殖民地中實行民主制度。一八三九年都爾罕（Durham）調查加拿大的報告的發表，乃是殖民政策一個顯著的轉變。英政府之接受該報告，即是宣布英國接受基於完全地方自治的原則。這次在加拿大實驗的成功使英國在其他較大的溫帶殖民地中也採用同樣原則。

十九世紀的末期，國會制幾乎在所有的歐洲國家中都獲得進展。甚至在巴爾幹諸國中也發展出一種初步的民主政體。不過當時流行的國會政府的型態不是基於保留的民主原則。民主的發展乃是由於在許多國家中君主或寡頭政體的失敗。在英、法、美諸國以外，存在著很少真正愛好民主的熱忱，而且也沒有國會生活的傳統。接受民主制度的意思，就是承認內閣也許在下院中遭遇不信任的投票而被推翻。但民主並不一定就是行政須受立法的控制，因為官僚的傳統也許是很強的，在許多國家中國王的力量足使他能維持在國會中失去信任的內閣。在荷蘭、瑞典與西班牙雖採用責任內閣制，君主對於政府的機構仍把握著實際的控制權。在若干國家中下院的權力受到世襲的或指派的上院獨立權力的牽制。很少國家實行成年選舉權。甚至在較為進步的民族團體中，國會的民主實際上就是中產階級的秉政。在沒有自治的經驗的國家中，選舉很容易成為無意義的舉動，而且絕不是民意的忠實的表現。政府的壓力經常在西班牙與巴爾幹諸國中作祟，為的是要剝奪人民自我表現的工具。祇有在英國，責任內閣制因為發展得合理，才能調和行政的效率及權力的集中與承認選民保有最後的至高權力。

第十章

近代的直接民主

自十世紀初年以迄今日，新的政治的設計不斷出現，這類的努力予人民以更充分的表現意志的機會，也可以因此看出代議制還有許多不滿人意的地方。由於民眾的政治教育的進步，許多國家都發生人民直接參與國政的要求。純粹的民主（Pure Democracy）的運動，淵源於法國革命的理論。盧梭曾力陳不直接執行主權的人民，不是真正自由的人民。這種思想產生了一種信心，認為無論如何，人民對於若干立法，應保留最後說話的權利，不能由代表的會議做主。這種信念，雖在維也納會議後歐洲的反動思想抬頭的時期，仍是有若干影響。不過，這些理論的本身仍不足以推動有力的輿論。直到十九世紀末年，因為國會不洽輿情的地方愈來愈多，才促成直接民主運動的進展。

表面上，近代採用直接民主的方法與古代的直接民主的運用不同。事實上，近代的直接民主與古代雅典及義大利城邦的民主並無理論或實踐的聯繫。

古代的那些城市共和國有奴役制的存在，公民因為不必服務勞動，才能有時間參與政治，而終年勞作的奴隸則全無自由。這種民主是基於不平等與特殊利益。雅典的民眾大會祇包括身世自由的成年公民。即使如此，它的人數還是太多，不便為一種研究與討論的機構。像古代這樣組織的會議，祇能在面積很小的農區中的人民過慣了社團生活，與享受過相當限度的社會與經濟的平等才能行得通。

瑞士若干州中仍繼續召開的人民大會，在有的地方很像雅典的公民大會。瑞士的人民大會係一種初級會議，有討論權與表決權。它們的職權，雖不及雅典大會的範圍之廣，但也包括著立法、地方行政的監督與主要官吏的選舉。它們沒有保留創制權，除集合民眾通過決議外，也沒有進一步訴諸民意的機會。

瑞士人民大會的權利近年來多少受到限制。聯邦憲法的制定牽涉到各州憲法的改革，這些改革，一般的說，乃是解釋並限制大會的權力。有的地方，建議係由州行政會議起草。在亞邦澤羅與亞色羅敦（Ausserrloden）的公民可以在大會中投票，但不一定能討論。一九二八年前烏里的憲法第六款，規定人民大會的最高立法的權威，有全權修改憲法、通過徵稅與頒給公民權。不過在一九二八這一年，這個古老的制度不得已自動地廢止了，目前烏里也是受代議制的統治，但輔以複決權與創制權。

烏里勉強地放棄直接民主，似乎顯出初級會議祇能在面積小的地方才能行得通。瑞士大部分的州中已不再有人民大會的存在。目前尚看不出這個制度是否會消滅，不過從格拉路斯的情形看來，人民大會如果由一位有技能的執政領導，也可以用進步的精神處理近代工業社會的問題。這一州的人口雖然遠超過烏里，人民大會卻繼續順利地執行任務。瑞士的經驗，顯示地方與政黨的分歧造成最嚴重的困難。初級會議的成功大部分要靠他們的領袖的品格與才能。因為自治祇能實行於人口較少的區域中，在一個聯邦的國家，純粹的民主是否可行，尚有待於進一步的研究。

近代還有憑藉初級會議為統治機構的例子。南非方面的阿朗枝自由邦、脫蘭斯瓦爾（Transvaal）、納塔耳（Natal）三郡均規定主權係屬於市民大會。每一市民都在這個會議中有發言與投票權，每一執政的權力都出自直接的民選。代表會議雖然存在，但在民眾未表示贊成以前，很少有執行法律之事。不過，由於人口的分散，直接的民選迅速成為不切實際。一八六〇年以後，南非尚存的兩個共和國中，主權雖不在理論上而在事實上屬於人民的代表會議，祇有在選舉總統、總司令與立法人員方面人民還繼續執行他們的最高權力。

在較大的社團中，直接的民主運動，雖然是淵源於對代表會議的不滿，卻無意要廢除代議制。十九世紀初，民主運動係由於人民怨恨長久的壓迫。這種壓迫總是來自君主與貴族的政府。英國的示範已顯出國會制可以保障民權。因此，立法與監督行政的責任就放在由人民選出的議會身上。日子久了，議會卻未能滿足人民的希望，英、美兩國都是運用政黨制，這種制度行於英、美，效果甚佳，行於歐洲大陸則不甚成功。歐洲大陸的國家中，多半有少數民族的存在，相互磨擦，在國會常發生激烈的宗教與種族的鬥爭。在這種情況下，議員祇著重推翻內閣，不在制定良好的法律。法國政黨太多，內閣起伏頻繁，幾無法執行一種長期的政策。另一方面，德國的國會又無力保障民權。即在有長久傳統的民主國家中，人民亦有不滿意的情緒。除了北卡羅里那州外，美國的州長均有對立法的否決權，這就是證明，一般人認為對於不負責的立法機構應加以相當的束縛。民選的議會的腐敗與其獨立性已成為人民不滿的主要的原因。英國反自治領的上院的組織與性質雖和下院不同，而至今仍能存在，也是部分地由於它能負責牽制下院。

以上所述對於議會的積怨就產生了各種糾正的建議。一方面要求增加行政方面的權力，甚至主張將主權交予一個統治者。這種運動係由於重視知識與經驗及希望穩定與安全。這種情緒以德國與義大利最強，因為在這兩國中，議會係受無專長的人士與煽動家所控制。另一方面的建議，係假定糾正的方法在增強而不在減少民主。由於這種建議的推動才有各種直接立法方式的提出，為的是使人民能直接行使他們的主權。

擴大民主的趨勢在政治哲學中也獲得支持。選舉制度在十九世紀末年受到苛刻的解剖與批評。當時指出在地方選區中選舉代表，不能認為是選民對於國家的大政方針表示了意見，因為候選人的人格問題大有湮沒政治問題的趨勢，而且我們也可以指出，選舉的結果乃是決定於少數選民的行動。加之，在兩次普選之間一個相當長的階段中，輿論會發生重大的變化。還有，如果法律的制定係出自人民，他們一定願意服從法律，因為人民本身的確瞭解何種法律是對他們有利的。甚至很謹慎的立法機關亦難免有時錯解輿論，所以人民必須防範這種錯解繼續地發生。最後，在許多國家中，還有一種感覺認為立法機關是為階級與大工商業的利益服務。因此，每一個人民對於每一件提案都應當有表示其意見的機會，甚至應當提出他們自己的建議。

複決乃是一種直接民主的辦法。根據這個辦法，可以請選民對於立法機關已經通過的法案表示意見。十九世紀初，瑞士聯邦的各州在議會的代表們，因為對於若干提案沒有得到各州的指示，慣於將該提案先交由州政府考慮，這近似一種複決。一八三〇年後，產生了更進一步的複決，開始將任何憲法的修改交由民眾表決。目前的複決權已經成了牽制議會的一種主要的方法，現在此法的實行已不限於憲法的修改，而實幾乎成為立法的另一種方法。如果將複決權與創制權聯合的使用，由人民直接起草法案，再交由民眾表決，這個制度就有完全代替議會制度的趨勢。

前面業已提到，這些制度先行之於瑞士，一八〇二年它已行使過憲法的複決。一八三二年聖高爾州（St. Garis）已倡導於制定普通法律時採用複決權。最初人們稱為複決為否決（Veto），複決對於一般法律的使用，係始於一個公社（Commune）

反對一個州行政會議頒布的一種法案。一八四五年瓦德州（Vaud）採取八個更重要的直接民主的步驟，是年該州同時實施複決權與創制權。因為憲法的修改須受強迫的複決，一千公民在人民的面前不僅能提出將州行政會議已接受的議案重新表決，而且可以提出將他們自己草擬的議案項目表決。其他諸州不久都追隨瓦德州的領導，弗里堡為最後的一個州於一九二〇年採議複決法制。所有代議制統治的各州目前都採取是項立法的方法，至於立法的創制權在瑞士已經幾乎成為了一種普遍的制度。

這些方法，就聯邦全部說，究能行使到什麼限度呢？一八四四年聯邦憲法，規定各州憲法的修改必須交由民眾投票表決。一八七四年規定立法的複決權，祇要有三萬人簽名就有權要求將法律與非緊急的決議案應付人民表決。就聯邦政府說，創制權是不存在的，但人民可以要求修改憲法，其方式係將具體的修正案交由人民表決。這些安排已經有人批評不夠徹底。當時並無一般的規定須將所有制定的法律交由人民表決，複決權的行使亦祇採任意的方式，這是由於人們認為採取複決的行動就牽涉到時間與金錢的消耗，有時且牽涉到大規模的消耗。人民對某一提案的挑戰不是一個簡單的問題，不宜做硬性的規定。加之，以決議的方式通過一種提案並宣布其為緊急的決議，聯邦政府亦可以逃避複決權的使用。這類的事實使人批評聯邦政府不如各州的政府的民主，因為複決在各州是強迫的。聯邦的安排，一部分也是由於在一個較大的區域中舉行民眾投票要引起更多的耗費與不便。益以瑞士為一聯邦，各州的主權在適當的限度內係獲有憲法的保障。強迫的複決權的行使，也許使各州不易維持該項主權。

民眾直接的立法，在實施上結果如何，不易做一結論。毫無問題的，這個制度最能增進民眾的政治教育，同時，它並不像我們預料減少國會工作的重要性。瑞士的聯邦國會通過的法律遭複決所否決的成分甚小。不過，這個制度卻強迫國會在重大的問題上要開導民眾，並且於準備立法時要謹慎從事。被複決所否決的法律雖為數無多，但亦可以證明國會實曾錯解輿情，後來的事實又常證明複決所得的決議是正確的。複決權的使用既沒有阻撓良法的意義，另一方面創制權的實施，也不像若干人預料將帶來有害的結果。瑞士有許多州根本就很少用到複決權。一般的說，人民顯然是謹慎從事，而過激的提案倒是來自州行政會議。

同時，瑞士的直接民主，也並未完全達成調和行政的效率與主權在民的目標。最近的經驗告訴我們，複決不是針對著某一提案的好壞，而是予人民以表示對政府不滿意的機會。有的州中，政府因人民否決增稅感到嚴重的困難。事實上，創制權也沒有鼓勵粗製濫造的方案，但它的實施卻躍過了議會中一個有價值的辯論與批評的階段。拋開一切流弊不談，民眾投票究是民意表現的一個可靠的方法。這種方法的行使反可以避免政府與人民間尖銳的衝突，因此，應把它當作一種爭取穩定與社會和平的工具。

瑞士的制度在歐洲其他國家中實行起來，是否能得到相同的結果卻不無疑問。瑞士人民的謹慎及其長久的自治經驗，使其在創制與複決方面都獲得成效。其他的國家祇是偶而用到民眾投票，要實行此種制度即不免要發生極大的困難。加之，瑞士的經濟與社會的狀況亦利於實行該項制度。自由的產業所有權在瑞士幾是普遍存在的。瑞士的工業雖在發展中，但有若干州還完全是農業區。一般的說，瑞士的人民實享有很大限度的社會平等。

美國亦如瑞士，最初的複決亦祇是用之於各州憲法的修改。麻薩諸塞州於一八〇〇年提出的三點憲法的修改，都是交由人民批准後再付諸實施。至於某一特定的憲法修改案之交付複決，則始於一八一八年。目前在憲法修改方面，各州幾已普遍地行使複決權。

至於在普通的立法方面使用否決權，乃是一種很近的事。美國有若干州於一再試行改革代議制以後，才冒險試用人民直接的控制來代替代議的民主。州立法機關的不忠實與浪費，為直接民主運動主要的原因。特別是人民覺得州立法機關太過於偏重特殊利益。俄勒岡（Oregon）州的人民對於州立法機關的痛恨，主要的係由於它未能制定控制大企業的立法。南達柯他（South Dakota）州於一八九八年允許經若干人民簽字請求後，任何非緊急的法律須交付人民表決，該州同時又提出創制權。一八九八年以後，這類的辦法已廣泛地展開，不過主要的還是在西部與西南部新成立的各州中，至於東部各州，祗有俄亥俄（Ohio）、密西根（Michigan）、瑪利蘭（Maryland）、緬因（Maine）與麻薩諸塞諸州有直接立法的規定。還有二十六個州是完全採用代議制的。

我們很難否認直接的民主在美國的實施一如瑞士的順利與成功，不過我們還須記著美國實施直接民主的時間還短。俄勒岡直到一九〇四年才實際地行使創制權。統計數字指示創制的使用遠比複決的次數多，約有一半以上交付民眾表決的提案都遭否決了，在不少的次數中祇有小部分公民參加。很顯然的，若在一個短期中提出許多議案交人民表決，人民一定因不勝其煩表示冷淡。許多議案的通過係沒有經過充分的考慮，而且祇有很小的一部分公民參加。這很難說是大多數的意旨。事實上，西部諸州投票的結果，大半是歪曲了公民真正的見解。在代議的制度下，少數人的利益倒還得到若干保障，憲法上到現在還沒有制止民眾投票的越權的規定。

直接的民主雖然免不了有若干流弊，但一般的說，這個制度並未被濫用。就積極方面說，它在阻遏立法機關的腐敗與錯誤方面發生了效力，就消極方面說，人民並未把它當作社會革命的工具。因此，引用創制與複決的州與時俱增。我們可以相信，直接的民眾的表決能使立法機關更密切地注意輿情，同時又可以保證與民意相違背的法律不會付諸實施。

以上所說，祇是關於直接的立法的權利，古代的民主也曾有直接參與行政與司法的規定。雅典即曾用抽籤法任命行政與司法官吏，同時並要求執政官對人民法庭直接負責。近代的民主似乎要朝著同一方向前進。抽籤任官法雖不復存在，但瑞士有若干州直到十九世紀中葉，仍維持著民選的方法，不過民選官吏的範圍卻擴大了。瑞士諸州中許多官吏與司法官也是選舉的。日內瓦方面甚至高等法官的任命也操在人民的手裡。另一方面，瑞士聯邦法庭的法官係由聯邦會議選出。美國的州長也是民選，州法官亦由選舉產生，惟通常任期甚短。至少就司法說，這個制度有其嚴重的缺點，瑞士因此發生過激烈的政黨的衝突，在美國也是一種耗費的制度，因之州法庭的聲譽是一般的低落。

十九世紀中葉以後，瑞士與美國均已建立民眾對於官吏與行政會議的控制，瑞士有的州中規定政府人員在任期未滿前可以由民眾投票罷免，遠在一八五二年在沙夫豪遜（Schaffhausen）與阿爾高（Aargau）兩州，即曾規定經某一定公民人數的提議得投票表決是否要罷免州行政會。此法雖亦為他州採取，但很少用過，因為瑞士人民是很保守的與清醒的，除了有迫切的理由外，不輕易解除有經驗的官吏的職務，致令行政方面發生不良的影響。

另一方面，美國若干州中卻很廣泛地行使罷免權。這種方法在美國等於一種特殊的選舉，它規定須有一定的數目的公民，才能決定某一官吏在任期未滿前是否應受到罷免。美國祇著眼對付一個官吏，瑞士的著眼重要的在對付一個團體。這種辦法幾乎等於規定人民的代表在政府中擔任職務不一定要有任期，任期的長短要看他是否能滿足大多數人的意旨為轉移。這種辦法比雅典還要民主。

美國的罷免制始於洛杉磯（Los Angeles）。一九〇二年該市的憲章中即有是項規定。俄勒岡於一九〇八年始用該項方法對付州的官吏。其後十二年間有十個州起而仿效。在七個州中，這個制度規定適用於司法官與行政官，不過尚沒有高等法官被罷免的發生。這是一種耗費很大的制度，而且輿論也不贊成用它壓迫法庭，但在實際的運用方面，罷免制並未證明危及自由與良好政府。雖然，在罷免的運動中，有時難免摻雜私人的仇恨，究竟它的流弊遠不似想像之多。但若把它當作彈劾的代替品，事實上卻證明為一種迅速而有效的辦法。這個制度最大的流弊乃是它有削弱行政權力的危險，尤其是在輿論激昂之時為然。另一方面行政權既受人民的控制，人民對行政厭惡的情緒就可以減少。權力集於有能力者的手中，祇要他們能繼續對民意負責，也不妨延長他們的任期。科羅拉多（Colorado）曾企圖用民眾的投票推翻司法的判決，但最高法院於一九二一年宣布此行為違反憲法。

澳洲也偶然運用直接立法的權力，在澳洲要修改聯邦的憲法，必須得到大多數人民投票通過。關於普通的立法如第一次大戰期中制定兵役條例，澳洲國會就毫不猶豫地將該項條例交由人民表決。但是，由於澳洲每三年就舉行一次國會的選舉以及實行責任內閣制，創制與複決在澳洲的需要，與其他國會議員任期較長與行政大部分不受立法束縛的國家不同。紐西蘭亦與澳洲相似，祇有關於禁酒問題才用到複決。加拿大的複決權已廣泛地行使於地方政府，英國由於國會的聲望甚高與政黨政治的比較純潔，所以不大歡迎直接的民主。

另一方面，二十世紀的新憲法大部分都傾向盧梭的直接民權的原則；這個理論係主張人民有不時執行立法的權利。至於修改憲法之需要民眾投票表決，則幾乎獲得普遍的同意。甚至歐洲大陸最保守的國家，也不得不相信複決權可以阻撓大部分公民所不願意的法律的制定。因此，在愛沙尼亞（Estonia）一切憲法的修改都須舉行複決；在奧地利與拉脫維亞（Latvia）祇有做重要的修改時才舉行複決。普通立法的複決在大部分憲法中都有規定，惟出諸任意的方式。但在實踐方面，她們與瑞士及美國有重大不同之處；在公民未批准前延遲某種法律不得行使，其權有時係操諸總統的手中，德國威瑪憲法第七十三條便有這種規定。另一種比較普通的規定，乃是經國會中某一固定的少數（通常為三分之一）的同意，某一法律在未獲民眾批准前，不得實行。捷克的憲法起草人，著眼在保障政府而非保障國會中不受大多數的權力壓迫的少數，故規定在國會拒絕政府某種提案時才行使複決。

有許多憲法規定創制得同樣地適用於憲法及普通立法。拉脫維亞與愛沙尼亞的憲法規定人數到某種定額的公民起草的建議必須交由立法機關表決。如該建議被修改或被否決，必須交由人民做最後的決定。複決權在德國祇用過一次，那便是關於收沒豪亨索隴（Hohenzollern）王朝與其他統治的貴族階級的產業，捷克根本未使用過民眾投票。愛沙尼亞與拉脫維亞則常用創制權。這幾個第一次大戰後新成立的國家的直接民主的實施，假使不受挫折，到今日定有長足的進步。不幸，她們都是產生不久就相繼被摧毀，這對於民主乃是嚴重的損失。

上述民眾直接參政的方法乃是實行民主理論最重要的步驟。全部採用直接民主便是要放棄國會制，國會至多也衹能擔負準備立法的任務。國家的最高的權力一定要屬於大多數民眾。凡此種種概念乃是直接民主的基礎，這些概念都是淵源於城市或鄉村的社團中，但是這些原則用之於渺小的政治單位，與用之於人口眾多的大國有很大的區別，用之於民族複雜的區域與用之於民族單純的地方亦有不同。在瑞士及美國各州中，直接民主的實施都獲得相當的成就，但在中央集權的大國，民族、宗教與經濟都是四分五裂，行使直接民主即不免引起困難、耗費與冒險。在這些大國中，解決政治的問題，最後也許還要賴代議制的改良與政治教育的推廣。人民對於政治必須先有一種責任心才能對政治感覺興趣。在大國中，事實上直接與間接兩種民主制度可以同時並用的。

第十一章
民主的新方向

以上諸章所述民主制度的發展，不論其為直接或間接民主，始終沒有超越政治的範疇。選舉、創制、複決和罷免都是人民用作控制政府與保障公民權利的幾種方法。就這類的作用講，它們在若干國家中，尤其是人口與面積均較小的國家，已發生了良好的效力。但是，社會是在變化不已的，時代是前進的，制度也必須要與社會和時代相配合。一般人民最關切的是個人的生活，在舊的社會組織未發生本質上的變化與個人生活未受到威脅以前，人民但以能運用政治民主為滿足。英國自十三世紀初年至十九世紀三十年代，曾一再發生人民爭取權利的運動，但所爭取的始終不離個人的自由與財產的保障兩大項目。美國自十九世紀初至二十世紀初的民主運動，亦大體不外以她的憲法上「公民權利」各款所載為準繩。但是十八世紀末期，英國首先產生了工業革命；它在物質生活方面造成了空前的激動，在社會方面引起了重大的變化，因而也給人類帶來了嚴重的問題。

由於工業革命，西歐首先出現了成群結隊的無產階級。工廠生活獨特的情況促成勞動大眾中前所未有的相互瞭解與聯繫。同時，他們在工廠中嘗到的痛苦滋味也引起他們的共憤與共鳴。當時工人雖尚無力量對資方表示反抗，然到處已有小規模的工人團體的組織。英國政府為預防工人對資方發動有組織的反抗，曾制定《結社條例》（*Combination Act*）以示限制，但這種阻遏的方法結果，徒驅使他們從經濟的反抗走上政治反抗的途徑。他們的運動迅速獲得其他方面的支持。在思想界方面，邊沁與穆勒父子，因鑒於勞工的痛苦，均力倡革新運動。邊沁的目的在為最大多數人爭取最大的幸福，他死於英國開始革新的一年（一八三二），其後穆勒父子繼承衣缽，續為勞苦群眾爭取幸福與自由。在政治方面，最著稱的，國會中有羅素勳爵（Lord John Russell），內閣中先後有俾狄（Pitt）、狄斯勒里（Disraeli）、葛雷斯登（Gladstone）諸首相均力主革新運動。英國在十九世紀初首先廢除奴隸貿易。自十九世紀的三十年代到八十年代五十餘年中，除國會的席次經一再調整外，城市的工人與鄉村的農民大部分都獲得選舉權。這類的革新雖受了工業革命極大的影響，但革新的本質仍是政治性的。事實上，十九世紀中工業的規模仍小，可是工業革命卻在加速地進展，勞資階級的裂縫日深，群眾要求的範圍亦愈廣大。政治民主雖仍不失為重要的吸引力，但已不能逐漸滿足人民的願望。很顯然地，要解除勞動人民的痛苦，祇是擴大與保障公民的權利是不夠的，政府必須要使他們享有社會與經濟的利益。

十九世紀的英國的思想家倡導革新還是以個人為出發點，故他們所著重的為個人的權利，可是同時代的大陸思想家卻著眼於社團的權利。因此，在大陸方面，民族主義的力量壓倒一切以憲政為目標的自由運動。一八三〇年與一八四八年的革命很顯明地指出，提倡個人自由的人士不能聯合所有的民眾共同反對政治上的壓迫者。在義大利方面，馬志尼的共和理想終敵不過撒地尼亞的王權政治。一八四九年以後的義大利的主要的團結的力量，仍是排外思想而不是自由主義或共和理想。直到十九世紀末，大陸上爭取民權的人士仍是限於少數階級與知識分子，至於爭取民族的獨立則人同此心。黑格爾認為國家的超越為個人努力的目標，他的門徒馬克思與他具有同樣的民族主義的精神，所不同的，馬氏否認宇宙與國家的精神的本質，而力倡一種宇宙的唯物觀，十九世紀的下半期馬克思的學說在歐洲逐漸抬頭。

社團重於個人，物質重於精神，這是共產主義兩個出發點，前者演變成為無產階級的專政，後者演變成為階級的鬥爭。個人的自由與精神的價值，在馬克思的理論下簡直無容身之地，而階級鬥爭與唯物主義遂被尊為至高無上的信條。自馬氏學說出，共產黨的人物認為祇有奉行馬氏的遺教，才可以使勞動群眾獲致社會與經濟的福利。其實，馬克思的理論不少係採取十九世紀中社會主義者的意見，他與社會主義者根本不同的地方，乃是他否認人性中的精神因素——愛、容忍、互助與協商——而獨強調鬥爭。他的理論落到後代的共產黨人手中，便演出了今日人類的悲劇。共產主義的好壞不在本書討論之列，這裡所要指出的乃是民主制度的發展，確受了社會主義與共產主義很大的影響，但它卻循著其本身的途徑逐漸地實現了社會福利的理想。

遠在十九世紀末，英國方面除致力於擴大政治民主的基礎外，即已開始注意到社會與經濟的利益。以城市工人的利益為出發點的一八六七年的革新法案，與以鄉村農人的利益為出發點的一八八四年的法案的通過，實已開闢了一條達到社會福利的路線。一八七八年與一九〇一年之間的社會立法，已顯出英國民主發展的新方向。這一期間的立法規定要減少工作時間，工廠須有取暖、燈光與通風的設備，政府對工廠機器施行嚴格的檢查以防發生意外。勞動階級的生活因這些立法獲得不少的改進。到了二十世紀初，英國國內已普遍地認識了農工利益的重要與放任政策的錯誤。

舊日的自由主義提倡一種不受任何束縛的經濟的個人主義，雇主與勞工之間應自由訂約，國家不得干涉勞資的關係。這種舊自由主義到了二十世紀初年就站不住了，繼之而起的為新自由主義，認為政府可以代表工人出面干預勞資的關係，提倡與實行此種新自由主義的為當時的自由黨。自一九〇六年至一九一二年自由黨執政期間，通過的若干社會保險的立法實開社會福利的新紀元。根據這些立法，工人如遇疾病、意外、殘廢與失業均可獲得醫藥、療養與金錢的資助，其基金由雇主、勞工與國家各擔任一部分。至於老年人，保險法規定凡超過七十歲每年收入在三十一鎊與十先令以下，具有二十年英國的國籍，並住在英國十二年以上的都可以領取國家的養老金。

英國的土地制度自十九世紀末即已開始改革，一八七〇年與一八八一年兩次通過的法案，即已限制地主對土地的使用、保障農民的佃權。地主對於佃戶從此不能招之使來揮之使去，土地的租期有保障，佃戶不虞再受任意的驅逐。當時農民鼓噪最烈的為愛爾蘭人，他們並不以此類法案為滿足，繼續要求土地所有權，這又逼使保守黨內閣於一八九一年提出一種更大膽的建議，叫作《土地購置法案》（*Land Purchase Act*），根據這個法案，農民得向政府借款購買他們所耕種的土地，但須於數十年內分期歸還借款的這種辦法，等於國家購買土地送給農民，農民不須還本，祇須在數十年中每年付給國家若干利息，付到不須再付時，就白賺了一塊土地。此種土地改革一方面既照顧到農民，一方面又補償了地主，使雙方都得到相當的滿足。

英國勞工力量的發展更值得重視。十九世紀初，政府曾經制定過限制勞工組織的條例。到了一八七一年，國會竟通過一種《工會法案》（*Trade Union Act*），正式地允許了工會存在的權利，工會從此得保有財產而且有權享受法律的保障；這就是說，它從此能以團體代替個人與雇主辦理交涉。一八七五年，國會修改一八七一年的法案，許工人有和平罷工的權利。這類的法案對於勞工運動是一種極大的鼓勵，英國工運遂從此一日千里地向前邁進。十九世紀七十年代，英國主要的工會還祇有八十三個；到了一八九〇年即已增到四百九十個，到了一九〇六年又增到六百七十五個。在這短促的三十年中，工會的數目增加到八倍以上，會員人數由二十萬人增到二百萬人，增加到十倍。

工會與會員人數的增加說明了他們的力量的膨脹，他們逐漸由爭取權利的階段走上了支配權利的階段。前一階段是站在人民團體的立場，後一階段則須站在當權政黨的立場。勞工階級的力量膨脹，當然使他們想到要以民主的方法爭取政權，一九〇〇年，英國工人就開始組織一政黨，定名為工黨。英國人的作風一向是從容不迫，工黨人士也並不例外。工黨成立後並未即刻猛進，許多工人的選票當時也未投工黨，還有一百八十萬不屬於工會的工人尚未享有選舉權。但是工運到達了這一個階段，再也沒有一個力量膽敢或願意阻止它不前進，其他黨派也如工黨一樣，要顧到勞工的利益。一九一八年與一九二八年兩次革新法案，給予所有的成年男女以選舉權，未有選舉權的工人，當然因此也獲得全部公民的權利。另一方面，工黨本身自歐戰結束後也在飛躍地進展。英國一向以兩黨制著稱的，因工黨的興起而變成三黨制。一九二四年一月工黨在麥唐納（Ramaey Macdonold）領導之下，竟能賴自由黨的合作，獲組第一次內閣，惟以不能實行工黨所標榜的政策，成立未久，即告解體。一九二九年工黨再度秉政，復以不能推行工黨政策而造成工黨的分裂，次年再告解組。一九三九年工黨因戰爭關係與保守黨組聯合內閣，但德國甫敗，工黨不待戰爭結束，即退出內閣，要求舉行普選。一九四五年，工黨第三度組閣。由於工黨的興起，英國歷史悠久的自由黨，因為右不過保守黨，左不過工黨，遂逐漸趨於消滅，英國從此又回到兩黨制的局面。

英國推行社會福利政策，不僅工黨有此標榜，即保守黨亦有此決心，這也可以說是人民的要求，不過兩黨在推行的方法上卻有相當的出入。惟實行社會福利政策至少應有兩個先決的條件：第一、社會安定，第二、經濟寬裕。但是這兩個條件英國都不具備，四十年英國捲入了兩次大戰，戰前的緊張局勢與戰後的恢復，連同戰爭在內就耗去了至少有二十年的工夫，在這種不安定的局面下當然不易實行福利政策。其次由於戰爭的關係，英國的經濟窘況，自第一次大戰後，即未曾充裕過，福利計劃的推行，動輒需要鉅款，在這種民窮財盡的狀況下，自然不易迅速地前進。

上述的困難是可以說明，工黨何以一再上臺均因不能推行政策而迅速下臺。不過，一般的說，自第一次大戰以來，英國仍在困難的情形下，逐漸推廣社會福利的範圍。一九一一年的社會保險法案，因為不能應付新的需要，竟在戰爭正緊的一九一六年中受到修改。二十世紀二十年代失業救濟，已推廣到包括「一切真正尋覓工作的人員」，不問其有無其他收入。一九三〇年失業救濟的頒發再度擴大，英國竟一部分因此發生一九三一年的經濟的危機。該項危機發生以後，麥唐納領導的國民政府不得已暫時決定對於一切開支均減少十分之一。此項折扣曾引起輿論的反對，群起對於失業者加以援助，並要求恢復原狀。一九三四年政府又制定一種失業法案，除修正原有的保險計劃外，另設一失業救助部負責救助所有身強力壯的窮人。但這個計劃實行未久，政局又因德國的侵略突告緊張，未幾第二次大戰爆發，又影響到社會主義政策的推行。但實際上，政府從未忽略該項計劃，自一九三九年聯合內閣的開始到一九四五年工黨單獨組閣期間，英國的立法仍然指向社會福利這一目標。工黨組閣後，雖在困難情形下，仍努力實行它既定的目標。下面我們要分析，工黨秉政期間在原有社會保險法案的範圍外還採取了什麼措施。

第一，我們應注意的為國民健康的計劃。聯合政府時代衛生部長貝萬（Aneurin Bevan）即已提出了全國健康的保險與一種國家供應醫療設備的計劃。健康計劃包括兩個主要部分，那便是疾病的預防與療治。到了一九四八年七月此項計劃才獲實行。原來每週繳付保險費的計劃此時推廣到全國；病人除了其他享受外，可以自由選擇醫生，享受免費治療，並得憑醫生的藥方領取免費的醫藥，眼疾與牙疾亦得免費治療。醫生仍可自設診所，並無加入此項公醫計劃的義務。病人在醫院期間所受的工資損失由國家補償。婦女生產時，政府須予以各種便利與照顧。男子年到六十五、女子年到六十均可從政府領取養老金，結婚的男子每週得領取四十二先令，單身男女每週各二十六先令。

預防疾病減少了許多流行的疫症，也就是改善了一般的健康。治療免費使得許多無錢就醫的人均獲有治療的機會，減少了不必要的死亡。另一方面，在尚未有此種健康計劃較落後的國家中，每年也不知有多少人死於無錢就醫，更不知有多少人死於流行的疫症。英國這個計劃，迄現在止，恐怕還是世界上最進步的計劃。

其次，關於教育，英國在一九〇二年即已通過一種《教育法案》（*Education Act*），規定在全國新設立若干中等學校，使許多有天資而父母無錢資助入學的子女，可以賴地方教育機關的協助免費入校。一九一八年又通過一種教育法案，較一九〇二年法案更為徹底，惜因國家財政困難，未能即刻實行。英國政府為研究教育方案，曾成立「哈多委員會」（Hadow Committee）；該會曾於一九二六年提出一個報告，主張在公共教育方面實施重大改革，此法案對於十一歲以下的兒童關係最大。報告中的建議亦因需要的經費太大，直到一九四四年聯合政府制定新教育法案時才被採用，這是英國有史以來一種包括各級公共教育的計劃。

由於這個新法案的通過，英國原有的教育局陞格為教育部，該部當即著手根據新法案研究實施的計劃，結果提出的方案係將自幼稚園至大學的教育分成三個階段——初級教育、中級教育與高等教育。國家應迅速設法使兒童讀書讀到十五歲或稍遲到十六歲為止。地方教育當局應負責替十一歲以下的兒童擬定公共的課程，到了中級學校後，兒童應就性之所近，就國家所設各種中等學校中任擇一種。中等學校畢業後，學生可入各州應負責設立的專科學校以部分時間讀書，部分時間工作，但每年上課時間不得少於三百三十小時。除不肯依照教育法令就學的學生外，其餘各級學生均享受免費的待遇。此項法案到實施完成時，英國將不僅沒有一個文盲，而且沒有一個未受專科教育的國民。

最後，工黨所考慮的為如何輔助就業，這一個動機使它想到實施國營政策。但是在表面上，工黨並未提出這種理由，它祇稱國營可以醫治產業方面的缺乏效率與不公平，這雖然部分是事實，卻仍是國營政策的藉口。實際上，工黨領袖們認為政府倘能把握金融、運輸、煤礦、電氣與鋼鐵各種企業，便是把握了就業問題的鎖鑰。保守黨甚至要進一步解決就業問題，但卻不贊成採用國營的手段，保守黨也不十分同意工黨致力於造成無階級的社會，但並不反對工黨大部分的福利政策。總而言之，工黨與保守黨的區別在手段方面的多，在目的方面的少。

工黨與保守黨致力的目標倘能完全實現，就可以使人民失去基本的顧慮，同時也是使人民走上社會與經濟平等的大道，這是否算是予人民以社會與經濟利益呢？這是否如蘇聯所稱個人的自由主義呢？英國人民從這類政策所得到的待遇，比蘇聯奴工營的待遇如何呢？比受共黨政府剝削的工人的待遇又如何呢？這都是我們今日應當鄭重考慮與比較的幾個問題。

美國的政治民主係淵源於英國的傳統，但美國自殖民地時代起，她的社會即與英國不同，沒有貴族與平民的區別，殖民地社會中有兩種強烈的意識，那便是平等與自由。我們若追溯美國各州的憲政運動，就可以發現美國在民主方面常是站在時代的前驅。美國聯邦憲法的修改原為極困難之事，但美國人民強烈的民主意識，仍能使這部剛性的憲法經過繁難程序的修改追上時代。為恐一個總統連任太久，變成獨裁，美國尚於最近期間通過一條限制總統連任的憲法修改案。惟此乃屬於政治民主的範圍，不在本章討論之列，這裡所要指出的乃是美國民主的新方向。

遠在十九世紀的二十年代末與三十年代初，傑克遜總統（Andrew Jackson）即已著眼於一般人民的公民權利以外的利益。他痛恨集中的財富的力量，為了要打擊這種力量，他想到要擴大政府的權力，並利用該項權力使美國社會又回到原始的天真。但惜結果他未能摧毀了集中的財富的力量，卻擴大了政府的權力。

十九世紀六十年代初美國南北戰爭爆發，這次戰爭是政治和經濟的，同時也是社會的。我們不能否認，生產制度的不同使他們發生強烈的利害衝突，但我們也同樣不能否認，黑奴制度的存在與此次戰爭實有重大的關係。北方的清教徒以酷愛平等與自由著稱，根本反對奴隸制度，同時，一般的輿論也同情黑奴的處境，《黑奴籲天錄》（*Uncle Tom's Cabin*）這部小說實際上確能代表一般人對於黑奴制度的反應。就這種意義說，這次戰爭雖是兩個區域利害的衝突，同時也含有替一部分受壓迫的人類爭取平等與自由的意義。美國憲法第十三、十四與第十五條修正案，雖未能使黑奴在實際上獲得平等的地位，但在理論上，他們卻由物變成了人，法律上承認他們有獨立的人格，這是一種重大的社會地位的提高。

美國內戰以後，全國進入大規模的經濟建設的階段，不旋踵由負債的國家變成債權的國家，由入超的地位變成出超的地位，由二等工業國家變成超等工業國家。在她的工業迅速的發展中，雖然她的政治民主也隨著發展，但國內的社會與經濟的不平等卻日益顯著。財富集中的程度日深，一般人的生活就愈窘，貧富愈不平衡，社會的下層就愈不滿。這是經濟的放任政策的結果，開明的政府對於此應有糾正的必要。

老羅斯福總統（Theodore Roosevelt）乃是現代的政治家，他第一個看出社會充滿著不負責任的精神，認為政府應採取積極的政策以糾正此種不平衡的現狀。一九一二年老羅斯福與威爾遜競選總統，羅斯福提出的口號為新民族主義（New Nationalism），威爾遜的口號為新自由（New Freedom），雙方均言之成理，一時美國的激進分子幾不知孰是孰非。

老羅斯福、克羅利（Herbert Croly）與里普曼（Walter Lippmann）等共同擬出了競選的宣傳綱要。新民族主義乃是一種有限度的集體主義的理論。羅斯福稱該項主義所提倡的為民主的社會主義化。他說，社會主義者認為托拉斯為資本制度的歷史中不可免的過程，這種說法確是對的。他認為解決財富集中的問題，唯一的方法為擴大政府的力量，改革大企業為一種公共福利的力量。我們且不管大企業是否可以變成公共福利的力量（事實上美國今日的大企業已走上這個方向），但不能不承認四十年前老羅斯福已經深切地著眼於政治民主以外社會與經濟的利益。

威爾遜的新自由就是意味著社會自由，因為他提倡社會自由，所以他與老羅斯福不同，堅決地反對托拉斯。他根本否認托拉斯為不可免的與適宜的組織。協助威爾遜競選最得力的人物為布蘭德斯（Louis D. Brandais）與拉福勒（Robert. M. LaFalette）。布蘭德斯稱，大組織乃是一種罪惡，解決的方法為採取無情的手段打破這種大規模的聯合。威爾遜因相信政府係受大企業的操縱，不主張擴大政府的職權。他寧主張在經濟方面由托拉斯回到自由競爭。他的理想是對的，但極難實現於美國的社會。其後一九一七年，美國介入歐戰，終於不能取消《西爾門反托拉斯法案》（*Sherman Anti-Trust Act*）。

美國的經濟到了一九二九年發生了空前的危機，促成共和黨的倒臺，佛朗克林・羅斯福（Franklin Roosevelt）於一九三二年就任總統。他為挽救當時的危機，曾邀請全國的專家與學者商討方案，結果決定實施新政。新政之中既包括著老羅斯福的新民族主義，又包括著威爾遜的新自由。他的「國家復興局」（NRA）係根據新民族主義，他的「臨時國家經濟委員會」（TNEO）乃是淵源於新自由。

新政的影響乃是民主的社會主義化，個人主義的力量急速地下降，而國家的控制力則與日俱增。二十世紀二十年代末這一次發生的危機，已經證明了政治民主不可能為萬應靈藥，祇是少數飽食暖衣，而令其餘的人都在飢饉線上掙扎，絕不能解決社會問題。新政的全部方案，就在照顧到每一階層的生活，它絕不是為少數人服務，這是美國的民主一個大跨步，很顯然地，它是朝著社會與經濟平等的目標迅速前進。

新政包括的範圍計有金融、工商管理、稅收、水利、農業、勞工、社會保險與政治立法諸大端。羅斯福就任後，旋即下令關閉所有銀行，其後凡重新營業的銀行，都須遵守政府更嚴格的監督與存款保障的規定。新政擊破了少數操縱電氣事業的公司，增加了富有階級的所得稅，興辦了田納西水利工程及若干西部較小的水電工程。凡此一切措置，一方面挽救了國內經濟的危機，另一方面改善了全民的生活。尤其是在新的遺產稅與所得稅率實行之後，消滅了大部分財富集中的流弊，走上了均富的大道。目前無論有多少財產的資本家，祇要一死，他的財產一大部分就被政府拿去了，幾代的傳下去，任何一個大資本家的資產都要逐漸地轉移到政府的手中。至於所得稅，累進的稅率尤駭人聽聞，最多者可以抽到百分之九十左右。在這種制度下，今後很不易再產生擁有鉅額財產的大資本家。新政在農業、勞工與社會保險幾方面尤有顯著的成績，茲當分述如左。

就農業方面說，新政的目的在改善農民的生活。為防穀賤傷農，政府就以津貼予農民使減少某一種或若干種農產量，俾產物能恢復戰前的價格。為減少農民流通資金的困難，政府以最優惠的條件貸款予佃農及半佃農。為恐土壤日久變瘠，影響農產的收穀，政府以現金津貼農民使其保留一部分土地專種保養土壤的作物。政府並以資金助農民購買田地，使耕者得有其田。農業在這種安排下，收穀日有增加，到了一九三九年，農產的收入與一九三二年相較已增到百分之百。到了一九四〇年，平均每一農民都領到百元以上的政府津貼。

就勞工方面說，政府通過若干劃時代的法案。一九三三年國家復興法案旨在增加就業的機會、縮短工作時間、提高工資水準、禁止童工，並保障集體議價的權利。此一法案雖一度被最高法院宣告違憲，但國會終於一九三五年與一九三八年另通過兩個法案，不僅包括而且改進了復興法案。根據一九三五年的法案，工人成立工會與集體議價的權利獲得了充分的保障，資本家不得再壓迫工會的任何會員，政府並設立一勞資關係局，負責執行是項法案。根據一九三八年的法案，工人的「最高的工作時間與最低的工資標準」獲得了明確的規定，那就是工作時間每週不得超過四十小時，最低工資每小時不得少於四角。

就社會保險說，政府對於失業、年老與殘廢人員均有安全的保障。原來這類的事業都由各州負責，事實上這是全國性的問題，由各州負責，不易辦理妥善，國會終於一九三五年通過一批社會保險法案，對於失業的人如何救濟，年老的人、無力自給的母親及殘廢的成年人、兒童如何照顧，與公共福利如何改善，均有精密的規定。實行這些計劃所需的資金，部分出自資方，部分出自勞方，執行的權力操於各州，監督的權力操之聯邦政府。這種計劃頒布後，不久即得到普遍的擁護，而且在其後數年間條款與範圍均有擴充。

美國的新政與英國的福利政策祇有細則上的不同，很少有原則上的區別。事實上，她們都是根據政治民主的原則與精神實行一種理想的國家社會主義。就這些措施說，我們不能不承認英、美已離開了一般人所瞭解的資本制度的路線。英國的工黨公開稱它所實行的為社會主義政策，但美國人不大喜歡社會主義這個名詞，所以他們寧可用另一名詞標明他們的政策。

羅斯福提倡的四大自由也值得我們的注意。因為法西斯、納粹與共產這三種政體都在力倡社團的自由，壓迫個人的自由，倡導犧牲小我、成全大我。不知公共福利是一回事，個人自由又是一回事。不能假公共福利之名消滅一切個人的自由，當然也不能假個人自由之名忽略了公共的福利。這中間應有一定的界限，凡個人自由為個人精神與物質生活所不可少而不影響公共福利者，自應尊重和保留。羅斯福所提倡四大自由都是個人所不可少的自由，言論、信仰與不虞恐懼的自由為精神所必需，不虞貧乏的自由為物質生活所必需，無此即不能生存。我的言論和我的信念，儘管與他人不同，祇要我不強他人服從我的言論和信仰，即是與人無損，則我的言論和信仰就不應受到干涉。不虞恐懼亦是個人應有的自由，一個人在社會中不犯法律，就應當無所恐懼，絕不應當無事而也要受秘密警察的監視，一個人絕不能經常在寢食不安的空氣中度日。不虞貧乏為個人生存所必需，一個人絕不能經常受飢寒的成脅。希望免除這種恐懼與威脅乃是個人正當的願望，與他人毫無妨害；用另一種術語來說，言論與信仰的自由乃是尊重個人人格的尊嚴，不虞恐懼的自由乃是個人社會的權利，不虞貧乏的自由乃是個人經濟的權利。共產黨歪曲個人自由的意義，橫加攻擊，他們根本不懂得個人自由乃是社會與經濟的利益的基礎。若無個人自由，縱有社會與經濟利益，則人的生活又與犬馬何以異！羅斯福力倡四大自由的目的在此，這是我們應當深切認識的一點。

羅斯福逝世後，杜魯門總統又進一步提出人權法案與第四點計劃，這也都是社會與經濟平等的里程碑。人權法案旨在提高國內黑人的地位，使與白種人趨於平等；第四點計劃乃在協助國外落後區域的人民獲得不虞貧乏的自由。猶如接力賽跑，杜魯門總統仍是繼羅斯福總統朝著同一個方向奔馳。

近數十年來，兩大民主國家民主的新方向與新措施上面業已扼要地分析過了。當然，這兩個國家不能代表整個自由世界，自由世界內民主的一般趨勢如何，我們也有瞭解的必要。為求得這種答案，我認為最好是拿聯合國大會通過的《世界人權宣言》作為研究的資料。在目前狀況下，各國對於實施與批准此項宣言當然有實際上的困難，但我們不能因此否認此一文獻確能代表自由世界的理想。

人權的思想由來已久，英國一二一五年的《大憲章》、一六七九年的《人身法案》（*Habeas Corpus Act*），一六八九年的《人權法案》、美國一七七六年的《獨立宣言》與法國一七八九年的《人權宣言》都是人們到達自由生活與自由社會重要的里程碑。在農業社會中，舊時所謂之人權乃是著重於公民的權利，很少注意社會與經濟的需要。但是到了一七九三年法國頒布的後來人們稱之《雅各賓憲法》（*Jacobin Consitution*）中即已擴大了人權的概念。該憲法宣布：「社會對於其不幸的人民負有維持生存的任務，如果他們能工作時，社會應給他們以就業的機會，並保證他們能得到生存必需的酬報。」一九一五年以後，許多國家的憲法中都包括有就業保障、失業保險，與貧病的照顧，及義務教育這類的條文。

但是自共產主義、法西斯主義與納粹主義相繼興起以後，人權就遭受到空前的威脅。第二次大戰民主國家的主要的目標，便是維護人權（蘇聯與民主國家並肩作戰，乃是產生於國際間的矛盾，對人權為一大諷刺）。因此，一九四一年的羅斯福總統對國會的咨文，即宣布以爭取四大自由為作戰的目標，同年羅、邱宣布《大西洋憲章》，亦提出同樣的目標。一九四二年邱吉爾亦宣告於大戰結束後重建人權。因為民主國家的堅持，一九四二年的華盛頓會議、一九四三年的莫斯科會議，與一九四四年鄧巴頓橡樹園會議（Dumbarton Oaks Conference）均對人權提出相同的保證。鄧巴頓的建議還祇有一處提到了人權。到了舊金山聯合國開第一次成立大會時所通過的憲章，竟有七處提到人權。至於如何增進人權，《聯合國憲章》規定由聯合國大會負責，結果交由附屬於大會的社會與經濟會議負責，社會與經濟會議又成立一個人權委員會負責起草一個《世界人權宣言》。

負責起草宣言的人員，態度極為審慎；他們費了一年以上的時間先徵求各國專家的意見，然後再集合各國的意見草擬宣言。這個宣言草案終於在一九四八年十二月十日經聯合大會通過了。宣言包括有三十款，自第一款到第二十一款多屬於維持個人自由、人類尊嚴，與一般公民權利的規定，因不是本章的著重點，姑置不論。我們應當注意的乃是第二十二款到二十七款。舉凡關於社會保險、就業的權利與選擇、公平的與足以維持尊嚴的待遇、工會的組織與保障、休息與休閒的享受、每一個人與其家屬健康的照顧、母親與嬰兒的維護、義務教育的權利，及人格與人權教育的著重、社團知識生活的參加、藝術的欣賞與科學進步利益的享受，與個人精神及物質利益的保障，均有精密的規定。這個宣言可以代表自由社會的理想，證明自由社會已經充分地照顧到每一個人的社會與經濟的權利。

但是這一個充分地照顧到社會與經濟權利的宣言，到了大會表決時，竟遭遇到不可理解的阻擾。此次投票時有兩個國家未出席，八國棄權。八個國家中，除沙烏地阿拉伯（Saudi Arabia）與南非外，餘盡為蘇聯集團（此時南斯拉夫尚未與蘇決裂，故亦在蘇集團之內）。同是棄權，而棄權的理由卻大有區別。沙烏地阿拉伯的代表係反對宣言第十八款允許一個人有更改宗教的自由，並不反對其他條款。南非承認應給人民以基本自由，但嫌這個宣言所規定的權利太多，過於進步。沙烏地阿拉伯的理由，自回教立場上看，可以原諒，南非則未免落伍。至於蘇聯集團所提出的反對的理由卻奇怪了，他們稱該宣言為一種不進步的與十八世紀的文獻，過於注重政治公民的權利而忽略社會與經濟的利益。南非認為太進步，足可以證明過去尚未出現過這樣一個包括廣泛的人權規定的文件。蘇聯的說法簡直是顛倒是非，她能提出類似這種宣言的過去文獻麼？她能指出蘇聯人民具有如《世界人權宣言》所載社會與經濟的權利麼？然而蘇聯集團之反對，我們也能原諒她們的，因為她們正在蹂躪人權，自然不願有這一種保障人權的宣言產生。

不管蹂躪人權的集團對英、美的民主與聯合國的《世界人權宣言》如何看法，事實上，我們不能不承認，晚近民主的新趨勢與新措施是在充分地照顧到人們的社會與經濟的利益。自由領域中，鑒於聯合國大會之通過《世界人權宣言》，已經顯示出普遍的傾向這種趨勢。由於這些利益是用民主的方法獲致的，不是少數人或一個政黨武斷決定的或執行的，所以社會上普遍地表示贊助，每一個人均得到實際的利益，沒有發生紛擾、迫害或流血。民主國家與自由世界這種措施，與鬥爭專家用流血和迫害的手段，陽假大眾福利之名，陰圖一黨專政之利，所做出的事，相互對照，真是不可同日而語。

第十二章

民主的批判與展望

民主歷史的悠久與它的進化性，以上各章已分別敘述過了。在這兩千多年的長程中，它曾遭遇過不少的打擊和挫折，到了十九世紀，它得了工業革命的刺激，迅速間民主之花在各地盛開，歐美每一個角落幾乎都呼吸到民主的芬芳。依照這種情形看來，似乎民主的前途再也不會有嚴重的艱險，但是事實的演變，適與人們所希望的相反。在最近短促的四十年中，人類的自由又遭遇到三次危機。

緣歐洲自普法戰爭後，德國陡然興起，打破均勢，一躍而成為君主專制國家的領袖，終因其實力過強，野心過大，造成第一次大戰。這一次大戰的主角為德、奧對英、法，兩個君主專制國家對兩個民主國家。假使德國獲勝，則歐洲的民主必受致命的打擊。事實上德國自戰爭發生後，在各線均獲勝利，這才急壞了遠在大西洋彼岸的民主的美國，逼得她第一次拋開門羅主義，加入歐戰。美總統威爾遜於宣戰時曾坦白地說明，美國的目的為造成一個民主不受威脅的世界（to make the world safe for demorcracy）。威爾遜係一位政治與歷史的教授，一個有名的理想主義者，雖然也有人懷疑他的話是門面話，但我卻認為他的話實具有高度的真實性。後來，他提出的十四點和平計劃更可以顯示他參戰的用心。

第一次大戰的結果，德國失敗，奧國崩潰，俄國發生共產革命，幾個專制的國家同時完蛋，這對於促進民主應當是一個良機，民主從此應當不致再受威脅，故一時民主的聲浪高唱入雲，原來專制的德國亦成為共和國。但是好景不常，民主國家剛消滅了一種威脅，又來了更大的威脅。左邊的共產主義與右邊的法西斯及納粹主義，雖然彼此之間水火不相容，卻夾攻民主。右邊敵人固然毒辣，左邊的敵人毒辣而又兼陰險。前者還坦白承認獨裁，後者竟冒稱民主，在思想上種下了不少為害極深的毒素。

第二次民主的威脅既然產生以後，一般人都看到這是民主危險的關頭，以民主國家的實力，本可於威脅剛發之時，即將它消滅，無如民主國家既不能同心協力，又不能見義勇為，反與惡勢力企圖妥協，因此，雖曾對蘇聯一度發動干涉，結果徒自招失敗。至對於德、義、日本，連干涉亦不敢發動。義大利侵略阿比西尼亞，利害關係最大的英國竟袖手旁觀。德國破壞《凡爾賽條約》，重整軍備，進兵萊茵，兼併奧國與侵凌捷克，法國不敢起而抵抗，英國且與之簽訂《慕尼黑協定》。日本侵略中國東北，國聯不敢制裁，英、美束手無策。這一連串的民主國家的錯誤才造成第二次大戰。在這一次戰爭中，德國與日本的戰鬥力量均是空前的強大，一個橫掃歐洲，一個獨霸東亞，假使兩個國家能於作戰時有更好的配合，可能將歐洲的民主國家與共產的蘇聯完全擊潰。假使德、日在第二次大戰中獲勝，民主制度至少又要暫時受到致命的打擊。幸而美國因日本挑釁而加入大戰，終將三個窮凶極惡的獨裁國家擊潰，民主國家又轉危為安。

三大獨裁國家同時失敗，民主國家應當可以抬頭，至少在最短期內不致受到威脅了。但不幸地，在第二次大戰中，右邊兩獨裁除與民主國家作戰外又與左邊的獨裁國家作戰，逼得民主國家為生存計，不得不與左邊的獨裁並肩作戰。英、美領袖們明知左的為害不下於右，但在共同作戰時，他們仍然存著一種幻想，以為兩種制度不妨並存，戰後民主與共產兩集團可能合作，英國的工黨尤存此種幻想。民主國家為了和平，用心原未可厚非，但是事實的演變又大出她們的意料之外。第二次戰爭甫停，兩集團鬥爭的局面繼之發生。蘇聯軍隊所到的地方即刻扶植共產黨的力量，奪取政權，東歐的東德、波蘭、保加利亞、羅馬尼亞、捷克、南斯拉夫、阿爾巴尼亞、匈牙利，東邊的中國、韓國的北部與越南的一半相繼入了共產黨的魔掌。民主國家原已相繼復員，獨蘇聯繼續維持其強大的兵力，而且共產黨人到處挑戰、叫囂。他們因知民主國家的酷愛和平，到處讓步，遂冒險於一九五〇年下令其傀儡北韓進侵南韓，這才逼出了韓國的戰事。韓國的熱戰既起，其他各地零星的熱戰與大規模的冷戰隨之發生。蘇聯乘戰勝的餘威，對於民主國家絲毫不肯讓步，逼得自由世界全部動員以對付此唯一的威脅者。英、美領導成立北大西洋公約組織猶嫌力量不夠，更在歐洲促成西歐的聯合，成立中東防衛體系，在太平洋先成立美澳紐軍事同盟，現又加入英國。民主國費偌大的氣力預防蘇聯的侵略，由此可看到這一次民主危機的嚴重。假使這一次民主國家擋不住紅色的浪潮，豈僅民主制度要受壓制，全人類亦不免要跌入悲慘的深淵。

這三次危機，比較起來是一次比一次嚴重。第一次德國所給予世界的威脅還是偏重政治與軍事，目的在稱霸歐洲，然已嚇得威爾遜總統精神不安，要領導美國為造成民主不受威脅的世界而戰。第二次德、義、日的凶殘當然超過第一次，她們除軍事侵略外，還各有一套否定民主的理論，然而軸心的目的仍在爭取世界霸權，美國竟因此要傾全國之力來爭取勝利。這一次威脅的嚴重性，較之第一與第二兩次也不知要超過若干倍。現在尚在自由領域中的人民對於這一點還沒有充分的認識，可是已經關入鐵幕的國家的人民都深切瞭解鐵幕後的痛苦。在鐵幕後的人民個人人格的尊嚴與價值，一切的自由，自思想、言論、集會、就業，以至衣食住行無一不被完全剝奪，使全部人類的物質與精神生活均感受到高度的窒息。他們的殘酷，現存的字典的字還不夠形容，這是曠古未有的超獨裁，有史未聞的大黑暗。現在全世界已有三分之一的人口正處於水深火熱之中，假使全世界都被共產集團征服了，則今日鐵幕後的生活就是全世界自由人士生活的寫照。

假使今日自由世界的人民能自由地到鐵幕國家遊歷，能自由地與鐵幕後的人民往還，或者同時鐵幕國家也肯讓她們的人民遊歷自由世界，共產政權一定不易繼續長久存在。因為外界的人認識了鐵幕的真相，就不會再有很多的人做共存共榮的夢，也絕不會再有很多的人誤信他們的宣傳，因為鐵幕內的人民瞭解了自由世界的生活，他們反共的情緒必更高漲。正是因為鐵幕關得太緊，所以共產黨還可以顛倒黑白，大事宣傳，欺世盜名，高唱民主，形容黑暗為光明，描寫痛苦為愉快。社會與經濟利益之不平等，無逾於共產國家：蘇聯一個將官的待遇等於一個士兵的待遇的一百一十五倍；共產黨的官吏養尊處優，共產國家的人民多惡衣粗食，英、美國內沒有這樣的大鴻溝，而共黨對外宣傳卻拚命譽揚他們的農工的幸福，對於奴役勞工則隻字不提。因此，落後區域中生活痛苦的人民與少數自由國家中急進的分子就認為共黨的宣傳為真況，為他們的宣傳所迷醉。自由國家的人民，要瞭解共黨應首先防備他們的宣傳。

民主制度與獨裁制度的比較，優劣之別既然不辯自明，何以民主國家竟在四十年中三次受到獨裁的威脅呢？要答覆這一問題，我們也不能不反躬自省，究竟民主制度有無可乘之隙？沒有一種制度實際上是完全理想的，我們對於民主制度稍加檢討，自亦可找出它的若干弱點。關於這一點見仁見智各有不同，此處筆者祇能根據個人的瞭解，略述所見。我所要提供的弱點，有的是屬於民主的國家的，有的是屬於民主制度的。茲請先言民主國家的弱點。

一、民主國家的內部有嚴重矛盾的存在，這是反民主者攻擊民主的藉口。原來現代的民主從起始就是一種反抗壓迫的鬥爭。就一個國家對內而言，在政治方面，它反抗專制政體；在智識方面，它反抗教條主義；在商業方面，它反抗束縛條例；在宗教方面，它反抗定於一尊；就對外而言，民主又代表民族主義與民族自決的原則。以英國為例來說，她在國內確是次第實現了民主的理想。她對外也曾追逐民族自決的目標；十九世紀中，她曾協助希臘與義大利爭取自由，第一次大戰後，她又協助歐洲久被壓迫的民族獲得獨立，即近在肘腋的愛爾蘭也獲得自主。凡此一切，當然是我們民主自由的人士所應當讚揚的。可是，另一方面，英國在海外仍然保持著廣大的領土，在這些領土內的人民便不能與英國本土及自治領的人民享受同樣的自由幸福與人類的尊嚴，而且最近非洲各地曾一再發生事變與暴動，其原因為何，我們雖不得而知，但土民對於當地政府的不滿則可斷言。這樣，一方面維護自由，一方面又限制自由；一方面實行福利政策，一方面又允許天堂與地獄同時存在，這不僅是殖民地人民不滿，也給予反對民主者一個攻擊的口實，這種矛盾實有消滅的必要。

二、民主政治與資本主義的聯繫，本來民主與資本主義其間並無必然的關係，英、美的民主傳統已有悠久的歷史，發源遠在工業革命之前。工業革命給民主帶來衝擊的力量，也給民主帶來了不利的後果。英、美因為工業革命的發生都齊向民主的目標躍進，她們也因為工業革命都變成了資本主義國家。民主理論因此遂不免為資本主義者所誤解。亞當斯密的自由貿易與放任政策，到了工商界的手中便成了致富的自由。邊沁的功利主義也為中產階級所利用了，他們強調如果每一個人都知道如何照顧本身的利益，也就不期然而然地照顧到社會的利益。資本主義的社會中，在工業革命的初期，尚缺乏對於勞工階級利益的正確的認識，而且知名之士尚不少輕視工人階級，發出不正確的言論。例如：當工人要求縮短工作時間、增加工資，與增加受教育的機會時，著名的人口論者馬爾薩斯認為，增加工資與縮短時間結果徒足使工人多生兒女，人口增加即不免要造成飢饉。至於使工人獲受教育的機會，當然康特伯里大主教與皇家學會會長亦持反對的態度；他們認為工人受教育的結果，祇是不滿意現狀，並且因此而瞧不起他們的上峰。自由與平等原是民主國家的兩大支柱，但是在資本社會中卻祇有少數人享受真正的自由，大多數人得不到經濟與社會的平等。這也是反對民主者可以利用的藉口，但是這種情況已在迅速地改正中，此點上章已約略指出。

再就制度本身來說，民主亦自有其不可否認的顯然的弱點，致有時不能抵抗惡勢力的襲擊。茲請分述於後：

一、民主制度長於處常，短於應變。它有一種持續力，但不能抵抗突然的打擊。從過去的紀錄言，它推翻過封建制度，推翻過大一統的教廷，推翻過專制政體，推翻過貴族與中產階級的專政。在它前進的途中，如沒有阻礙，它可以繼續向前，如一旦遇到艱險，它就不敢冒險衝進，祇好繞道前進。例如說，第一次大戰後，威爾遜總統領導的民主國家當然想締造一個民主世界，可是第一次戰後的情況為俄國發生共產革命，影響全面，西歐到處發生經濟恐慌，民不聊生。假使美國與英、法能採取同一步驟，乘戰勝的餘威，撲滅俄國的紅禍，雖不免吃力，實絕對可能，徒以無此決心，進一步退兩步，就不能免於失敗。德、義的困難，實部分由民主國家所造成，義大利的經濟恐慌，共黨橫行，當時若民主國家能予以及時的協助與救濟，重振義政府的權威，則法西斯黨絕不能輕易成功。至於德國，民主國家明知其負擔無力而向其強索鉅額的罰款，明知德民族之不可輕侮而重傷其國家的尊嚴，造成了納粹黨奪取政權的機會。事先民主國家既乏處置德、義的精密計劃，及至危險發生，又不敢斷然的阻退，這充分地表現出民主制度的本質根本缺乏應變的力量，其理由甚為顯明。

民主國家的執政人員，與獨裁國家不同，對於任何一件事都不能隨便做決定，他們除了要得民意機關的合作外，還要得到輿論的支持。如果有一件事當局者認為當做而民眾尚認識不清，執政的人還須費一個相當長的時間做啟迪民眾的工作，如此時不及待的事，便不免受此迂迴之誤。第一次大戰後，民主國家的人心厭亂，望治心切，當然不贊成繼續對俄作戰，故軍事干涉實難期其有效。協助德、義，預算必須由各國國會通過，但當時受德國侵略的人民，正痛恨德國入骨，要求報復的聲浪甚高，協助剛戰敗的敵國，在當時實為輿論所不許可。英、法兩國，經第一次大戰的教訓，當然不希望再發生類似的戰爭，尤以英國為甚。及至德國的勢力再度抬頭，英國人民最怕再嘗戰爭的滋味，簽訂《慕尼黑協定》，就張伯倫說，是奉行民意，因此在他回到倫敦時萬人夾道歡呼。事實上，簽訂《慕尼黑協定》，實促成為第二次大戰的爆發，這一點當時邱吉爾看得出，我們許多人看得出，未必張伯倫先生看不出，即使看得出，他還是要不惜一切代價爭取和平。民意要他走這條路，他不能走民意所反對的路線。這種不能應變之責，毛病出在民主制度的本身。

二、民主制度的和平與容忍的本質幫助了獨裁勢力的成長。民主的特點在能容忍異己與同情他人。容忍的結果是妥協，和平的結果是讓步，但求彼此相安，不妨各執所是。獨裁國家的作風就根本不同，獨裁者定下了一個決策，他必須使用一切手段以實現他的目的。例如說，共產集團一方面與民主國家並肩作戰，一方面仍不放棄推倒民主政權的計劃。蘇聯共產黨政權於共同對德、日作戰之時，即已同時設計赤化東歐與中國，以為將來與民主國家鬥爭的準備。另一方面，民主國家的作風則迴異於此。例如，沙皇的專制原為英國所不同情，然英國仍能在一九〇七年與其和平地解決了糾紛並成立協約關係，從未暗中計劃或公開企圖推翻俄國的政府。俄國的共產革命也並不為英國所樂睹，但一九一七年三月發生革命後，英國的官方報紙又即刻替俄國共產政權做有利的宣傳，而且甚至譽蘇聯為民主國家，並首先承認蘇聯以求相安。義、德兩國先後發生政變，民主國家雖內心反對，但仍希望能以忍讓求安定。當然我們不否認民主國家與不同政體的結合或交歡是有利害的關係，但同時我們也不能否認這種利害的結合與交歡之中有很大容忍的存在，容忍的動機是在求互不相害，是在爭取和平。至於獨裁政體不僅極左與極右之間不能有任何程度的誠意的修好，這可以由德、蘇一九三九年的協定獲得證明，而且左右兩種獨裁從未對民主國家有過任何容忍的表示可以看出。假使獨裁者不向民主國家挑釁，我們可以肯定民主國家是不會先動手的。另一方面，民主國家實曾表示過願意與獨裁者和平相交，但獨裁國家從未對民主國家報以同樣的誠意。《慕尼黑協定》終不能阻止德國的侵略。因此，我們可以說與獨裁政體談和平與妥協，結果終是不免養虎貽患，這也就是危機一再發生的原因之一。

三、民主制度似平易而難實行，常易流為形式主義。它與獨裁政體最大不同的地方，前者的權力建築在全民基礎之上，後者的權力則建築在個人或一個團體的基礎之上。以一個領袖為中心的一個黨就可以在一個國家中實施獨裁制度與執行獨裁的權力，人民祇有服從的義務，沒有表示抗議的權力。以全民為基礎的民主國家中，實施民主制度，必須全民均有民主的素養，這卻不是短時期所能做到的事。一般的說，人民頗不易瞭解民主意義的所在，個人對政治與社會的責任，及民主的權力運用，雅典人民與瑞士人民均是從經常的直接與間接的民主的實踐中瞭解了民主的理論與實施。英、美的民主傳統悠久，人民學習機會又多，故亦有很高的民主素養。這種根深蒂固的民主不是任何暴力或打擊所能推翻，人民絕不會因個人生活有困難或國家面臨艱境即動搖他對民主的信念。他們國內也不會出來一個獨裁者。但是這種素養須經過長時期的薰陶才能獲得。因此，民主常為人們所誤解，以為祇要人民在一個國內享有政權，就算是民主國家。其實有許多不民主的國家，在表面上也許人民以選舉權，有民意機關；事實上，政府或利用民眾尚無運用政權的力量，或利用民眾的愚昧，而暗中控制一切，使民主祇具形式並無實際的意義。這類形式的民主主義盛行一時，因此許多實際是獨裁或寡頭政治的國家，外面都掛了民主的招牌。產生這種形式主義的主要的原因乃是民主意義之真正的瞭解與民主的優良的素養都非一般人在一個短時期內所能獲致。如何推行真正的民主，這一點還有待於民主人士精心的研究。

四、民主制度是一種浪費的制度。自政黨的組織、宣傳，到個人的競選，都要浪費許多精力、金錢與時間。英、美各大政黨均為爭取政權浪費了不少人力與物力，尤以美國為最，大而總統的競選，次而參眾兩院議員的競選，再次而各州議員及市議員的競選，在美國方面，每次也不知有多少浪費。這一次兩黨競選總統，美國兩黨官方的報告其數目字已足驚人，其實官方的報告占實際的浪費中一個微小的部分。因為競選、組織與宣傳在在需要金錢，這裡又產生一種流弊，那就是參與政治活動的人物必須有財政上的支援。如果個人既無資力，更乏團體的支援，任憑你多大才學也不易參與政治活動。事實上，有錢財可資活動的不一定是國家的人才，真正國家的人才，反多不能從事競選或其他政治活動。這種浪費同時也是一種資本主義的產物，拿美國來說，政黨的浪費，倘能用之於社會福利很可以做不少有益的事業。

其他民主國家的浪費雖不及美國之大，但在各國國家財政中所占的數字都不在小數。不僅真正民主國家如此，即祇具形式的民主國家，在競選與組織方面，也都耗了鉅額的財力。擁護民主自由的人士應當瞭解民主政治有若干不健全的地方。上面所舉幾點，祇是就筆者個人見解所及，事實上所謂之弱點也不盡是壞處，從另一個角度看，也許就是好處。壞的一方面多半是可以糾正的。民主國家中內部的矛盾與資本主義在民主國家中產生的流弊，在最近數十年中，已逐漸地改正過了。上章業已指明英、美的民主均已走上經濟與社會平等的大道。因此，民主國家中，被人指摘的地方，均將次第消逝。

至於民主制度方面所犯的四點毛病：一、處常而不能應變；二、和平與容忍的為害；三、民主素養困難易流為形式主義；四、民主的浪費。其中一二兩點與獨裁力量的成長與危機的造成有重大的關係，就此種情形看來，確是弱點，但同時這兩點又是民主本質中不可少的因素。應變是獨裁者的特長，處常才是民主的優點。祇要不放棄民主，任何一國政府都無應變的權力。至於和平與容忍乃是民主的精義所在，雖然因此吃了虧，但亦不能因為要對付獨裁就放棄民主，那就無異於「因噎廢食」、「飲鴆止渴」。事實上民主國在這一方面的弱點，因鑒於過去的教訓，已受到部分的修正。第二次大戰以後，美國在歐洲實行馬歇爾計劃救濟西歐各國，並以比較寬大的政策處置西德，逼使共黨的洪流在西歐減退。在日本，麥克阿瑟元帥主持的盟軍總部對日本的管制也盡量採用寬大的政策，並以巨額的物資與金錢救濟日本人民。因此日本在很短的期中就恢復了生產的力量，日本人民對管制的當局不僅沒有恨意，而且表示衷心的感激。麥帥離日本時，萬人空巷地歡送他，這種情形不是可以造作的。蘇聯在東方，除中國外，日本便是它赤化的第二個目標，但民主國第二次大戰後的新措置在東西雙方均收到實際效驗，使蘇聯到處碰壁。這種新措置乃是一種有準備的應變的方法。

過去，還有一種局勢是民主國家不能應付的，那便是獨裁者常找出民主國家的弱點加以突襲，使得民主國家措手不及。但是這一次民主國家的領袖在第二次大戰期中就已看到這一個可能性，所以他們建議成立聯合國，著眼於軍事制裁侵略，聯合國會員國為實行此一規定，須將各本國的軍力貢獻出一部分交聯合國使用。為配合此種策略，美國國會曾通過一議案，政府在此種情形得先動員兵力，再補請國會通過。這種軍事動員對付侵略，不是一個國家對另一個國家的戰爭，而是站在聯合國會員國的立場上用聯合國名義制裁侵略。因此，在北韓發動侵略南韓以後，杜魯門總統就可以即刻動員兵力制裁北韓。這種應變的權力為過去民主國家所無，而現在卻有了。

和平與容忍，對於獨裁者說，雖是致禍之原由，但它們本身卻是民主的優點。民主國家既有了上面所舉的應變的權力，今後遇必要之時，就可以權宜從事，不怕獨裁者再來一次突襲，也不怕他們受和平與容忍的鼓勵而坐大，因此和平與容忍還是必需要保持的，在民主國家新的安排之下，獨裁者也不易再利用民主國家基本的優點。

至於民主的形式主義與民主的浪費兩點卻是民主本身的問題，也不難糾正。不過這兩個都是專門問題，應由學者專家提出新的方案，闡揚民主的理論與實施。方案中應著重的不是競選與投票，乃在如何養成民主的風氣。至於實行民主的方法，我們今後要根據「因地制宜」的原則，擬定不同的方案。某一制度行之於甲國成功，行之於乙國也許失敗。面積的大小，人口的多少，歷史與文化的區別，經濟、社會、宗教狀況的不同，以及人民性格與習慣均在在與方案有關。在原則上講，今日的趨勢，要實行民主，必須兼顧到社會與經濟的利益。

尤有進者，今日共產集團所最怕的是民主國家和自由世界的團結。它們曾經用一切方法離間民主國家的感情，並在落後區域中，散布不利於民主國家的言論。例如，對領袖民主國家英、美，蘇聯集團專攻擊美國，而很少提及英國，這便是離間英、美。對於杜魯門總統開發落後區域的第四點計劃，它們稱之為奴役落後區域人民的計劃，這是要挑起落後區域的人民對美國的惡感。為應付這一個局勢，我們祇是談國內民主還嫌不夠，現在由於交通與運輸的方便，四海已變成一家，必須國際間也要民主，才能消弭或至少減少阻礙自由世界團結的因素。如何才能實行國際間的民主呢？這個問題，可以分兩方面答覆，第一，在形式上要注重兩點：一、國與國間的條約義務與權利應設法使之趨於平等，盡量實行互惠的原則，凡甲國在乙國所能享受的，乙國在甲國亦如之；二、甲乙兩國如果貧富懸殊，生活水準相差太大，甲國高而乙國低，甲國應盡量以物資助乙國並協助其發展農業、工業與教育，提高其生活水準。縱不能將兩國的生活水準拉平，亦當使之接近。少數國家的人民享受太優裕，而其他國家人民都在飢饉線上掙扎，世界是不會得到安定的。況且工商國家的繁榮所依賴的乃是世界其他國家的購買力，如果不助其餘國家也獲取相當的繁榮，則該項購買力自然隨之減少，或甚至完全消逝，所以即替本身著想，資本國家也當協助貧窮的國家。但是協助要注重方式，所以另一方面，在精神上，應採取平等互助的形式，使接受協助的人衷心感激，絕不可因強弱與貧富的懸殊，協助的一方擺出了超人的樣子、主人的架子，或優越者的姿態，使另一方面接受了協助，反過來還恨協助的一方。這是強國與弱國間通常犯的毛病，常常因此而影響到邦交。共產黨人正在找尋藉口離間自由世界中國際間的感情。因此民主國家，為阻遏紅禍，不僅要實行國內民主，而且要實行國際民主。

民主已經有了兩千年以上的歷史，在這個漫長的期間，它有它的輝煌的日子，也有它的黑暗的時期，它儘管遇到了很多的艱險，總是迂迴前進！這可以看出一種順天應人的思想與制度是不會被惡勢力所消滅的。在它的進展途中，它的挫折是暫時的，它的進步是永久的。與民主為敵的惡勢力，也許在某一個期間占了上風，但都經不住時間的考驗，結果一個一個都倒下去了。在最近數十年中，民主制度已經克服了兩次惡勢力的威脅。今天的危機也許比過去險惡得多，但因為民主制度的進步，民主的勢力也遠在過去之上。蘇聯集團雖然用熱戰與冷戰兩種方法夜以繼日地努力要摧毀民主制度，但以英、美為首的民主集團，在民主素養方面已有很深的基礎，在應付侵略方面已有充分的準備，在這一回合中是不會動搖的。上兩次遭遇時，民主國家並無準備，尚能轉敗為勝，這一次既有戒心與準備，勝利自更有絕對的把握。

但民主自由人士所擔心的並不祇是這一回合的勝利誰屬，而更重要的，如何隨著民主國家勝利之後重建鐵幕國家的民主，並如何使世界民主政治自百尺竿頭再進一步。

附錄

《西方民主制度與近代文明》重版識語

本書上篇原名「民主制度之發展」，下篇原名「近代文明的新趨勢」，均曾單獨印行。此次重印，彙成一冊。一九五〇年代初期，西方式的民主在中國人的觀念中正陷入一個空前的低潮。民主究竟是怎樣從西方的思想和制度中逐漸發展出來的？當時一般讀者不但不大瞭解，而且根本已失去了瞭解的興趣。我當時住在中國大陸邊緣的香港，對這一情況體會得尤其深刻。這兩冊書便是在這種背景之下編寫出來的。當時我正在新亞書院修業，難民學校當然沒有什麼圖書館，家中藏書也因避難而蕩然無存。我所能利用的圖書館祇有香港英國文化協會（British Council）和美國新聞處兩地。這兩個機構都設在香港，離我的九龍寓所甚遠。我祇有在課餘和編餘（我那時在《自由陣線》週刊社兼任一部分編輯工作）之暇到這兩個地方去查書和借書。所以這兩冊書都是在資料極端困難的情形下寫成的。

以性質而言，《民主制度之發展》偏重在制度的成長，而《近代文明的新趨勢》則注重民主的一般的文化背景。故二者可以互相補充之處甚多。至於兩書的取材，我當時的考慮主要在如何一方面照顧到中國讀者的特殊需要，而另一方面又不致歪曲西方歷史的本來面目。但限於學力和環境，成績是遠不夠理想的。

最後我要特別說明，《民主制度之發展》一書無論在設計或剪裁方面，當時都曾受到先父協中公的指導。沒有他老人家的親切指示，這本書是絕對寫不成的。趁此重版的機會，謹以此書獻給他老人家的在天之靈。

余英時　一九八一年十一月十一日於耶魯大學

參考書目

Adams, G. B., *Civilization During the Middle Ages*, New York, 1924.
Aristotle, *Politics*, Everyman's Library.
Becker, Carl L., *Modern Democracy*, Yale University Press, 1941.
Benes, E. *Democracy Today and Tomorrow*, London, 1939.
Boak, A. E. R., *History of Rome to A. D. 565*, Rev. Ed. 1927.
Bunn, H. F., *Story of Democracy*, New York, 1941.
Bury, J. B., *History of Greece*, 2nd. Ed. London, 1924.
Catlin, G., *A History of the Political Philosophers*, London, 1950.
Davis A. P., *Man's Vast Future, A Definition of Democracy*, New York, 1951.
Doyle, P., *A History of Political Thought*, London, 1949.
Gierke, O., *Political Theories of the Middle Age*, Trans., F. W. Maitland, 1922.
Hattersley, A. F., *A Short History of Democracy*, London, 1939.
Hicks, J. D., *A Short History of American Democracy*, New York, 1946.
King-Hall, *Our Own Times*, London, 1938.
Mosely, P. E., The Nineteeth Party Congress, *Foreign Affairs Quarterly*, January, 1953.
Muthard, W. M., *Democracy in America*, Rev. Ed. , 1949.
Shub, David., *Lenin*, Chinese Translation, Platitude Press, 1952.
Smith, T. V., *The Democratic Tradition in America*, New York, 1941.

余英時文集16

民主制度之發展

2022年8月初版　　定價：新臺幣320元

著　　者	余　英　時
總 策 劃	林　載　爵
總 編 輯	涂　豐　恩
副總編輯	陳　逸　華
特約主編	官　子　程
叢書主編	沙　淑　芬
校　　對	蔡　竣　宇
內文排版	菩　薩　蠻
封面設計	莊　謹　銘

出版者	聯經出版事業股份有限公司
地址	新北市汐止區大同路一段369號1樓
叢書主編電話	(02)86925588轉5310
台北聯經書房	台北市新生南路三段94號
電話	(02)23620308
台中辦事處	(04)22312023
台中電子信箱	e-mail：linking2@ms42.hinet.net
郵政劃撥帳戶第	0100559-3號
郵撥電話	(02)23620308
印刷者	世和印製企業有限公司
總經銷	聯合發行股份有限公司
發行所	新北市新店區寶橋路235巷6弄6號2樓
電話	(02)29178022

總 經 理	陳　芝　宇
社　　長	羅　國　俊
發 行 人	林　載　爵

行政院新聞局出版事業登記證局版臺業字第0130號

本書如有缺頁，破損，倒裝請寄回台北聯經書房更換。　ISBN 978-957-08-6398-7 (平裝)
聯經網址：www.linkingbooks.com.tw
電子信箱：linking@udngroup.com

國家圖書館出版品預行編目資料

民主制度之發展/余英時著．初版．新北市．聯經．
2022年8月．240面．14.8×21公分（余英時文集16）
ISBN 978-957-08-6398-7（平裝）

1.CST：民主政治 2.CST：西洋政治思想 3.CST：政治思想史

571.6　　111009404